生涯代打率.316！ 元プロ野球選手YouTuber

今浪隆博の

スポーツメンタルTV

THE BOOK

野球観戦が100倍面白くなる厳選100談義

今浪隆博

イースト・プレス

プレーボール！　「まえがき」にかえて

2022年4月1日、ぼくの人生に新たな章が加わりました。

ユーチューブチャンネル『今浪隆博のスポーツメンタルTV』が開設されたのです。現役時代からユーチューブが好きで、野球系ユーチューバーのチャンネルも、時間があれば見ていました。ただ、あくまでも1人の視聴者であって、自分でチャンネルを持つなんて、これっぽっちも考えてはいませんでした。

2017年にプロ野球選手を引退してから、セカンドキャリアとして選んだのは、スポーツメンタルコーチの道。11年間、プロ野球選手として野球と向き合いながら、メンタルの重要性を常に、肌で感じていました。球団にもメンタルケアをしてくれる専門家はいますが、どうしても、優先されるのはフィジカル面、技術面になります。メンタルに関しては「何かあれば相談に乗ります」という位置づけで、選手が自ら進んで利用しているようには見えませんでした。

レギュラークラスの選手には、メンタルコーチと個人的に契約して、ケアしてもらっているケースも多くあります。でも2軍の選手や、ぼくのように1軍と2軍を行ったり来たりしている立ち位置の選手の場合、メンタルケアに投資しようという発想には、なかなかならないものです。経済的な問題もあります。それならぼくが、専門家の立場からサポートできないか。そう考えたのが、スポーツメンタルコーチを目指したきっかけでした。

引退してからの約2年間、無職、ほぼ無収入で勉強を続け、スポーツメンタルコーチの資格を取得しましたが、資格を取っても、それを広く知ってもらわなければ意味がありません。では、どうしたらいいか。そう考えているとき、高校時代の野球部の友人から「ユーチューブ、やってみたらええやん」と言われ、そこから『今浪隆博のスポーツメンタルTV』が生まれました。元プロ野球選手としてではなく、それらしく言えば「スポーツメンタルコーチ・今浪隆博」のブランディングのために開設したわけです。

最初の頃は、スポーツメンタルについてかなり真正面から語っていましたが、再生数は悲しいくらい伸びませんでした（笑）。100回いけばよろこんでいたほどで、だいたい数十回がいいところ（汗）。その頃には、現役時代にスーパースターだった元プロ野球選手のユーチューブチャンネルもけっこうありました。1軍半的な選手だったぼくは、知名度では圧倒的に劣るし、このままでは埋もれてしまう。差別化しないと……。

「2軍の話とか、今浪にしかできひんのちゃうの？」

これも高校時代の友人からでした。確かに、スーパースタークラスの元プロ野球選手なら、高度な技術論、名勝負・名選手の振り返りはできるでしょう。でも2軍のリアルな話、1軍半的な選手が置かれている状況、そこで考えることについては、語れない。なぜって、身をもって経験していないから……。

そういう話なら、いくらでも語れます。ほかのチャンネルにはない特徴になるかもしれないと、2軍のネタだったり、本文中でふれる「今浪クラス」から見たプロ野球の裏側ネタだったりを中心にすることで、キャラが立ったというか、チャンネルの個性がはっきりしたのでしょう、再生数も登録者数も増えていきました。ショート動画を早い段階で取り入れたのも大きく、現役時代を知らない方からも「ユーチューブ、いつも見ています！」と声をかけてもらうことも増えていきました。

『今浪隆博のスポーツメンタルTV』のエッセンスを書籍化

おかげさまで『今浪隆博のスポーツメンタルTV』の登録者数は7万9200人（2024年1月14日時点）、動画数は約500本、総再生数は約5000万回。開設当初は想像もしていなかった広がりを見せています。

内容は現役時代の経験、体験をもとに構成しているため、どうしても主観、思い込みが強くなってしまいます。気になるのは現役プロ野球選手、監督やコーチ、そして元プロ野球選手たちの反応でした。「お前ごときに何がわかるんだ」的なツッコミ、お叱りがあったらどうしようかと、戦々恐々としていた頃もありましたが、今のところそれはなし。「なみのチャンネルは安心して見ていられる」「へえ〜っと勉強になる回もあったよ」と、褒めていただくことも多く、チャンネルを開設してよかったと、つくづく思います。

本書は『今浪隆博のスポーツメンタルＴＶ』の動画をベースに、書籍用に再構成したものです。いつもチャンネルを応援してくれている視聴者のみなさんへの恩返し、という意味を込めていますし、スポーツメンタルコーチ・今浪隆博、そしてユーチューブチャンネルの存在を、１人でも多くの人に知ってほしいという思いも込め、出版を決意しました。

プロ野球の素朴な疑問に幅広く答えていく体裁ですが、あくまでもぼくの個人的な体験、見聞きしたこと、考えたことになります。みなさんが、プロ野球を別の視点から見たり、語ったりするきっかけになれば幸いです。

それでは『今浪隆博のスポーツメンタルＴＶ』を書籍版で、いきましょう。

今浪隆博のスポーツメンタルTV THE BOOK

もくじ

Contents
もくじ

Contents
もくじ

Contents
もくじ

コラム Another Angle

なみさんのQ&A Knock

なみさんのQ&A Knock

1st Inning

なみさん、ファンが気になるプロ野球選手の日常とウラ事情、包み隠さずいけますか？

1st Inning

「いけます！」

プロ野球選手として11年間過ごしていたわけですから、当然、いけます。ただ、ぼく自身の記憶と所属していた2つの球団での体験がベースであって、これがプロ野球界のすべてではないと、ご承知おきください。また、立場上ズバッと言い切れない、微妙なお題があるかもしれません。と前置きした上でいきましょう。

プロ野球選手の1日ってどんなスケジュール？

ホームかビジターか、またデイゲームかナイターかなど、試合をする場所と時間などによって変わりますが、**クラブハウス入り**（**遠征している場合はホテルからバス等で移動**）↓**練習↓試合↓帰宅**、というのが基本的な1日の流れになります。スーパースタークラスでも今浪クラスでも同じ流れのはずです（笑）。**クラブハウス入りの時間に決まりはなく、選手によってバラバラ**。所属していた2つの球団では、「練習が始まる13時半頃までに入ればいい……」が暗黙の了解だったと思います。

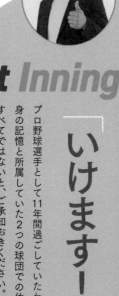

ぼくの11年間のプロ野球人生を通じて、ほぼ一番だったと誇れることが、実はホームゲームがある日の入り時間だったりします。東京ヤクルトスワローズ（以下、スワローズ）時代、神宮球場でナイターがある日を例にすると、クラブハウスに入るのはだいたいお昼の12時前後でした。この時間だと、クラブハウスにはほぼ誰もいないのがプロ野球の世界です。

クラブハウスに入ってからのルーティーンはと言うと、**まず朝食兼昼食、お風呂、ストレッチとウォーミングアップ、そして練習。**ホームグラウンドの神宮球場は、学生野球、社会人野球、少年野球、草野球のイベント等の予定が1年を通じてびっしりと入る、日本一稼働率が高い（!?）球場だったので、**われわれ選手は室内練習場や、コブシ球場と呼ばれる神宮外苑の軟式グラウンドで練習**します。たまに、外野に草野球のボールが転がって来ることもありました。これはスワローズだけの特殊な環境ですね。

練習が終わるのは16時頃で、クラブハウスに戻り、**お風呂で汗を流してから**試合前の食事。**ぼくの場合、スタメンの日はうどんで軽く、スタメンじゃない日は丼ものでガッツリと決めていたので、何を食べているかで「お、なみ、今日はスタメンか」と、まわりの人たちもわかっていたんじゃないか**と思います。

試合後は、パパッと着替えて帰る選手がいれば、翌日に疲れを残さないよう、アイシングなどで体を整える選手もいます。ぼくはアイシングを必ず、というか、その後の**お風呂がマスト**だったので、結果的に、クラブハウスを出るのは一番遅いほう……。**一番早く来て、一番遅く帰る模範的なプロ野球選手の日常のようですが、クラブハウスで1日3回お風呂に入っている**わけで、「入りすぎや、元風呂野球選手か！」と、学生時代の友人から突っ込まれたこともありました。

登板しない日の先発ピッチャーは何をしている?

プロ野球選手の中でもちょっと特別というか、**野手とはまったく別のサイクルで過ごしている選手たちが先発ピッチャー**です。

球団にもよりますが、**先発した翌日をオフにするところがあれば、翌日は軽い有酸素運動やストレッチで体をほぐしておいて、その翌日がオフになる**ところもあります。1日休んだら、次の登板に向けての調整開始です。

野手は毎日試合に出ているのに、**先発ピッチャーの仕事は中5日か中6日**。次の登板日も決まっていて、その日に合わせて準備できます。控えの野手の場合、試合の流れを見ながら何度もアップして、準備万端に整えたとしても、出番がない日もざらにあります。**先**

発ピッチャーは、好投がそのままチームの勝ちにつながるし、年俸査定でもプラス評価がつきやすいでしょう。ぼくのような**控えの野手は、ファインプレーが1つあっても、ヒットを1本打っても、それが勝利を決める超ビッグプレーや、決勝点のタイムリーヒットでもなければ、プラス評価になる要素はあまり多くありません。**

ぶっちゃけ、先発ピッチャーがうらやましく感じたこともあったし、**来世でもプロ野球選手になれるなら、野手よりも先発ピッチャーがいい**と思います。責任は重大、プレッシャーもハンパなものではないのでしょうが、やはり、先発ピッチャーはプロ野球の花形ですから。

同じピッチャーでも**中継ぎとなると話は変わります。**彼らは野手と同じように毎日準備して、試合に臨まなければいけないし、リードしている状況のセットアッパーは、なかなかシビアです。それまで10試合ナイスピッチングをしていても、1回失敗するだけで印象は悪くなるし、**先発ピッチャーよりも年俸は上がりづらいはずですし……。**

控えの野手は、試合中にどれだけ入念に準備しても、査定の対象にはなりませんが、中継ぎや抑えのピッチャーの場合、**ブルペンで肩をつくった段階で、仮にその日の試合には登板がなくても査定対象になります。**これはうらやましくもありましたが、もし来世でプロ野球選手になって、野手と中継ぎピッチャーのどちらかを選べるとしたら……たぶん、**野**

手を選びますね。

シーズン中のプロ野球選手は、どう息抜きしている？

ペナントレースは長く過酷であり、息抜きも必要です。

ぼくの場合、ホームゲームの日は家と球場を往復するだけでしたが、ビジターの試合で遠征したときは、試合後によく、選手同士で食事に出かけていました。**その土地のおいしいものを食べながら、試合の振り返りを含めた団らんが息抜きになっていた**と思います。次の日もナイターなら、お昼頃までホテルで寝ていられるので、勝ちゲームの後などで場が盛り上がると、店が閉まる時間帯まで飲み食いしていることもありました。

チームメイトのオフの日の息抜きというと、多かったのはパチンコでした。

主に月曜日ですが、**移動休みといって、お昼くらいに遠征先のホテルに入ると、その日はどう過ごそうが基本的に自由**です。何人かの選手が誘い合ってパチンコ屋へ行き、夕方まで遊び、それから食事へ。その日の収支を報告して、大きく勝っている人がいたらごちそうしてもらう、というのがお決まりのパターンだったようです。

ギャンブル的な刺激を求めるというより、何も考えず、ただボーッと過ごせるのがいいのかもしれません。けっこうな年俸をもらっているスター選手なら、勝ち負けはあまり関係ないですから。誘われるとたまに参加することもありましたが、ぼくのような選手の場合、少し負けてもけっこう痛かったりするので、**息抜きのつもりが息苦しくなっていた**こともありましたね（笑）。

ほかにシーズン中の息抜きといえるのはゴルフ。プロ野球選手のゴルフというと、オフシーズンのイメージが強いかもしれませんが、試合がない日は、**シーズン中でもゴルフに出かける人がそれなりにいます**。ほどよく体を動かすことで整うのか、**「ゴルフの次の日は調子がいい」**と話している人もいました。

ちょっと変わったところでは**1人カラオケ**。**ガンガン歌ってストレスを発散して、メンタルを整えている**のかもしれません。

ぼくが1人で出かけるのは、遠征先の飲食店開拓が多かったですね。地域密着の小さな店に入り、カウンター越しに店の人と話しながら、いろいろ教えてもらうのがとても楽しかった。

シーズン中はいつも数字を意識しているし、気も張ってもいるので、自分なりの息抜き方法を持っている選手は多いと思います。

オフシーズンの過ごし方について教えて？

球団と選手の契約期間について、世間ではあまり知られていないのかもしれません。

プロ野球選手が球団と交わす契約書では、**球団の保有期間は2月1日から11月末まで**です。**12月1日から、年を越して1月末までの間がシーズンオフで、球団に拘束力はありません。**選手は何をしても、どこにいてもいい自由期間で、主に若手は自主トレーニング、それなりのキャリアがある選手は、友だちと遊びに行ったり、趣味に没頭したり、家族と旅行に出かけたり、思い思いに過ごしています。

その2か月間、まったく見かけない人もいますが、ぼくは毎日体を動かしていたいほうだったので、**球団のトレーニング施設を使わせてもらうことが多かった**ですね。年末年始に実家へ帰っても、**毎朝走っていました。**意識高い系というわけではなく、体を動かさないと落ち着かないし、単にそれが気持ち良かったんだと思います。

ぼくなりのオフシーズンの決め事もありました。それは「**バッティングをしない、バットを握らない**」こと。ぼくはもともと右打ちで、途中から左打ちに変えた「**つくられた左バッター**」です。ある年のシーズンオフ、思い切ってバットを持たずに過ごしたら、**左打ちの感覚がリセットされた**んですね。**まっさらな状態、初めて左で打ったときのような素の**

状態に戻り、これがぼくにはとてもよかったと思います。

バットを持たない期間は頭の中でイメージを膨らませています。そのイメージと現実をすり合わせるのが楽しみになった状態で1月の自主トレに入ると、とてもいいフィーリングがあって、それからは「オフの12月中はバットを握らない」を徹底していました。

どうしてプロ野球選手は年々太る？

個人的には「**大きくなる**」「**厚みが増す**」だと思っています。ぼくの場合、入団当初は身長１７１㎝、体重71㎏。11年後、最後のシーズンは身長１７２・５㎝、体重は75㎏でした。体重は４㎏増えていますが、これは太ったのではなく、**自分で意識して体脂肪率を高めた結果**です。

では、なぜ体脂肪率を高めたのか。年間の公式戦が20数試合の大学野球に比べ、プロ野球のペナントレースは１４３試合もあります。月曜以外はほぼ試合があり、**学生時代のフィジカルでは、とてもじゃないけどシーズンを通して持ちません。**途中でガス欠を起こさないためにエネルギーを蓄える必要があり、**そこで意識しなければいけないのが、エネルギー源となる脂肪**です。

入団した頃、**ぼくの体脂肪率は約7%**でした。「それじゃ低すぎる。**せめて2桁にしないと**」と、トレーナーから言われていました。プロ野球選手なら体脂肪率の管理を意識するのは当然ですが、大切なのはバランスです。ある程度の脂肪がありながら、思うように動けるバランスはどこかを選手は考えています。なので、**年々太っているのではなく、ベストの脂肪バランスを考えて体をデザインした結果**なのです。たぶん……。

プロ野球選手の体型についてよく言われることに「**お尻が大きい**」もあります。確かにお尻が大きく、太ももが太い印象があるし、実際、それがプロ野球選手らしい「必然の体型」だと、個人的には思っています。

あくまでもぼくの考えですが、**お尻が大きく、太ももが太くなる理由は筋肉の使い方にあります**。ポイントになるのは、お尻やハムストリングなどの大きな筋肉。アマチュアの指導は、太ももの内側の内転筋を強調しますが、プロ野球で成績を残す選手には、お尻やハムストリング、つまり太ももの外側、体の背面の大きな筋肉をうまく使うという共通点があります。言葉では説明しにくいのですが、お尻やハムストリングを使ったほうが、素早く、最大のパワーを発揮できる、というイメージです。

お尻とハムストリングを意識して動くと筋肉は大きくなります。するとパフォーマンスが上がり、刺激を与えられた筋肉はさらに大きくなる。毎日、練習と試合でそれを繰り返しいるのですから、**必然的にお尻は大きく、太ももは太くなる**というわけです。

どうしてプロ野球選手の私服はダサいの？

「年々太る」「お尻が大きい」と微妙に関係しているのが、この疑問だと思います。ぼく自身、その世界にいましたし、決してダサいことを肯定するわけでありませんが……世間にはそういう見方をする人がいるのも事実でしょう。なので、ぼくなりの考察をしてみたいと思います。

まず、**ダサいというのは思い込み、イメージによるところが大きいはず**です。ぼくらが子どもの頃にテレビで見ていたプロ野球選手の私服は、**ブカブカのスーツ、セカンドバック、似合わないパーマなど……**。**諸先輩方には大変申し訳ありませんが、ダサいと言われても仕方ない**面もありました。Jリーグが誕生してからは、カズさん（三浦知良）をはじめ、ヨーロッパの風を感じさせる**オシャレなJリーガーの露出が増え、対比として「私服のダサいプロ野球選手」というイメージが固まった**気がします。

では、実際にダサいのか。これは個々のセンス、価値観によるので一概には言えませんが、そうでもないし、**少なくとも昔のイメージとは違う**と思います。若い選手はみんなそれなりにオシャレだし、**各球団にオシャレ番長的な選手もいます。在籍していた頃の北海道日本ハムファイターズ（以下、ファイターズ）のオシャレ番長は……はい、ぼく、今浪隆博でした（笑）。**

高校生の頃からファッションには気を使っていて、大学時代は、野球部の練習をサボって、ストリートファッションの店に朝から並んだこともあります。ファイターズは北海道のテレビ局に取り上げられることが多く、毎日、球場入りする選手をテレビカメラが待ち構えていました。選手が私服でインタビューを受けるコーナーもあって、そこにぼくは命をかけていました。というのは大袈裟ですが、**メディアに出る機会を増やし、1人でも多くのファンに自分を知ってもらうため、カメラに映ることを意識して洋服を選んでいたんで**すね。入団して3、4年目の頃で、年俸は低かったのでハイブランドには手が出せません。御用達は札幌市内のセレクトショップ。こまめに洋服を買っていたら、**ファンからも選手仲間からも「なみはオシャレやな」と言ってもらえるようになった**んです。

体型とプロ野球選手の私服についてですが、お尻が大きく太ももが太いと、**ジャストサイズを見つけるのが難しい**という問題があります。探せばあります。でも、それが面倒な人は「どうせ合うサイズがない」を言い訳にして、着る物に気を使わなくなっていくのかもしれません。最近はストレッチ素材のタイトなパンツもありますが、あれ、慣れてないと最初は窮屈だし、違和感もあるでしょう。その壁を超えられず、ラクな恰好でいいやとなる選手もいます。そこが強調されて「プロ野球選手の私服はやっぱり……」となるのではないでしょうか。体型的に仕方のない部分もありますが、**最近はオシャレに気を使う若い選手が多いので、イメージも少しずつ変わっていくはずです。いや変わって欲しいと、元北のオシャレ番長としてエールを送りたい**と思います（笑）。

やっぱりプロ野球選手なら誰でもモテる？

私服がダサいと言われる一方、「**プロ野球選手はモテるんでしょ？**」という認識が世間にはあるようです。モテ度の感じ方にも個人差はありますが、1つの指標としてバレンタインデーを取り上げてみます。スーパースタークラスなら、チョコレートをたくさんもらうのも当然として、では**1軍と2軍の間にいる、ぼくのような選手ならどうでしょう**。モテるのか？　それとも相手にされないのか？

結論から先に言うと「**モテた**」と思います。バレンタインデーはちょうどプロ野球のキャンプ期間中にあります。そこで、ぼくはどれだけチョコレートをもらったかというと、**大きなダンボールでも入りきらないくらい**、もらっていました。

ただ、これには裏があり、ファイターズがキャンプで使う球場と宿舎は近く、選手は歩いて移動します。

ファンの人が途中で待っていて、行きも帰りも、**通りかかった選手にどんどん配っていく**わけです。なので、ダンボールいっぱいのチョコレートがあったとしても、**そこに「今浪隆博♡」の本命チョコがどれだけあったのかは、わかりません。**

それでも、もらったらやっぱりうれしいものだし、手紙が入っていたら全部目を通すようにしていました。ユーチューブのチャネルに寄せられるコメントも、すべてチェックするようにしていますが、プロ野球選手時代の名残りかもしれません。

スワローズに移籍して最初のキャンプではショッキングな出来事がありました。**バレンタインデーにもらったチョコレートが、なんとゼロ。無**、です。ただ、ここにも裏があって、スワローズの2軍は宮崎県西都市がキャンプ地ですが、**バレンタインデーに、見学に来たファンの数がゼロ。そもそもファンがいないのですから、チョコレートをもらいようがなかった**のです。

結局、プロ野球選手はモテるのか？　**スーパースター、レギュラークラスなら間違いなくモテる**でしょう。そのほかは、成績以外のキャラクターによるところもあるので、人による。あんまり世間と変わりませんね……。

どうしてプロ野球選手は金のネックレスが好き？

プロ野球選手の「金」にまつわる疑問もよく聞かれます。金といってもマネーではなく、**1つは貴金属のゴールド、もう1つは「金カップ」**についてで、ちょっと微妙な話題でもあります。

最初の金、ゴールドですが、これはネックレスの話です。バッターボックスで空振りしたり、ファールを打ったりした後で、はみ出した金のネックレスを胸元にしまう選手、確かにいます。**どうして、あんなにジャラジャラしてゴツいネックレスをつけているのか。**邪魔になるんじゃないか。そういう疑問が浮かぶのも、わかります。

では、なぜ金のネックレスをしているのか……の前に、**磁気ネックレスの話**をしたほうがいいかもしれません。磁気の力でコリをほぐす、体調を整えるというやつで、ぼくもつけていた時期があります。確かに、**疲れが軽減される気がしたし、踏ん張れるし、めっちゃええやんと思いました。**

疲れがたまるとバランスが崩れるため、これはアリでしょう。**デザイン性の高いものもいろいろあって、一時期、あれこれ試していたことがあります。**でも結局、ぼくは続けませんでした。効果を感じる以上に、内野を守っているとき、首まわりで動くのがどうしても気になって、ストレスになるなら意味がないと思ったからです。

で、金のネックレスですが、あれ、**実は金のネックレスではなく、磁気ネックレスかも**しれませんよ、というのはちょっと苦しい説明ですね。金のネックレス、ぼくはつけたことありませんが、守備でもスライディングしたときでも、ジャラジャラしていると邪魔なのは間違いないでしょう（笑）。ではなぜ、しているのか……。

あくまでも想像ですが、体調を整えるなどの効果とは関係なく、気持ちの問題かもしれません。シーズンは長く、調子が落ちるときがあれば、体調を崩してしまうときもあります。毎試合、自分が思うようなプレーができるわけではありません。とはいえ、それとは関係なく明日も、明後日も試合は続く。そんなとき、自分を奮い立たせるアイテム、またはお守り的なものとして、金のネックレスをつける人がいても不思議ではない。

ビジネスでも、大事なプレゼンの日にはお気に入りの腕時計をするとか、勝負下着を身につけるとか、**いわゆるゲン担ぎする人もいる**と思います。**まわりから見たら意味がないことでも、本人にとっては大切なもの。**ないと不安で、身につけているだけでテンションが上がるもの。**それが、ある選手にとっては金のネックレスだった。**だから、ほかの人が理由を想像しても意味がないのだと思います。本人の気分がアガリ、成績に反映されていると感じるならそれでいい、というのがぼくの見解です。

ちなみに、ユニフォームからはみ出さないものの、ネックレスの類いを身につけているプロ野球選手、実はけっこういます。

金カップをつけていれば無敵って本当？

「金カップ」というのは、急所を守るためのファールカップの通称です。

ぼくと同世代なら、高校か大学時代にスライディングパンツ、略してスラパンを履いてプレーした人も多いでしょう。**スラパンには股間部分に金カップを入れるポケットがあるものの、うまく固定されず、お世辞にもつけ心地がいいとは言えませんでした。**

ぼくがプロ入りした2007年でも、スラパンを履いている選手は大勢いました。でも3年目くらいになると、スラパンを履いている選手はあまり見かけなくなり、その代わりに、いわゆるスポーツタイツを履く選手が一気に増えます。イチローさんがイメージキャラクターだったワコールの『CW－X』が人気で、ぼくも履いてみたら**フィット感が絶妙で、めちゃくちゃよかった。**それからずっとスポーツタイツを履いていましたし、まわりでもそれが主流でした。フィット感の高いボクサーパンツ派もいましたが、**プロ野球選手でトランクス派は見たことがありません。**金カップをつけられませんから。

では、スラパンのように専用ポケットがあるわけではないスポーツタイツで、どうやって金カップを装着するか。実はカップ専用の、ブーメランパンツのようなサポーターがあり、それをスパッツの上から履いていました。金カップを見たことがある人ならわかると思いますが、内側のフチに沿ってゴムがあります。ぼくはそのゴムを外して、サポーターと一緒に金カップを装着していました。ゴムがあると、なんというか、股間にものすごい存在感を感じるんですね。それに、サポーターがあるからゴムはいらないし、その状態で装着しても、ズレたりするのは気になりません。

ちなみに、**金カップを装着していればボールが当たっても痛くないのか。**これ、めちゃくちゃ痛いです。**もう泣きそうになるくらい痛い。**もし、金カップが**なかったらと想像すると、ゾッとしますね。**

プロ野球選手が噛んでいるガム、こだわりはある？

金のネックレスほど存在感はありませんが、**プロ野球ならではの光景がガム**です。プロに入ってみると、意外に多くの選手がガムを噛んでいて、それならぼくもと試してみることにします。

最初はチャラく見えるんじゃないかと、ちょっと抵抗がありました。でも1軍でプレーするようになると、それまで経験したことのない緊張感があり、何か変化をつけて**緊張をほぐす方法はないかと考え、やっぱりガムかな**と。

実はぼく、**ガムには相当なこだわりがあります**。自分の好みの味はどれか、硬さの違いはどうか、一度に何粒・何枚嚙むのが理想なのか。コンビニやスーパーで売られているガムは、**ほぼ全種類試した**と言えるほどです。そして研究の末、**たどり着いた答えが『クロレッツ』**。これは**ダントツで優勝**でした。

まず、味が長持ちします。嚙み続けると味がなくなりますが、硬さは変わらず、絶妙な弾力が残ります。**この絶妙な弾力というのがポイント**で、口の中にあるだけで安心感が違う。決して案件として持ち上げているわけではなく、本当におすすめです。

今はフレーバーが変わっているのかもしれませんが、ぼくが気に入っていたのは青ボトルのミント。ベンチにはいつもこれを置いておくほかに、バッグの中には緑ボトルのライムも常備していました。

ミントで凡退したら、次のバッターボックスはライムで気分転換する、みたいなこともやっていましたね。試合中は一粒で2イニング、試合前のアップや練習のときにも嚙んでいるので、消費量はかなり多かったと思います。

優勝旅行には誰が行く？　現地では何をしている？

この章の最後に、ちょっと夢のある話をしておこうと思います。シーズンが終わると、スポーツニュースなどで見かけるプロ野球の優勝旅行。あれって誰が参加して、現地では何をしているのか、気になる人も多いようです。**ぼくは現役時代、4回のリーグ優勝を経験**していますが、シーズンオフに参加した優勝旅行は2回。4回の優勝で、2回の旅行では計算が合いませんが、この**優勝旅行、選手全員が参加できるわけではない**のです。

選手側に細かな規定は知らされませんが、そのシーズン、**1軍で活躍して優勝に貢献した選手、というのが参加の条件**。レギュラークラスは文句なしに参加できますが、問題はぼくのように、1軍と2軍を行ったり来たりしている選手の扱いです。恐らく、何日間1軍に帯同したか、成績はどうか、**貢献度はどうかを球団側がチェック**して、参加する選手を選抜します。**シーズン後のある日、優勝旅行参加メンバーが通知される**のですが、微妙な立ち位置の選手は、**受験の合格発表のように一喜一憂**していました。

ちなみに、**トレーナーやバッティングピッチャーなど、1軍の現場スタッフは基本的に全員が参加。また、選手の家族はもちろん、お父さん、お母さんまでは参加できます**。家族持ちには家族サービスの機会になるし、若い選手なら親孝行の場にもなるわけです。

旅費は家族のぶんも含めて球団持ち。食事は、各自外で食べるときは自腹ですが、朝食などはミールクーポンを球団が用意してくれます。**日程は4泊6日くらい**が多く、ぼくが参加した**2回はどちらもハワイ**でした。スケジュールはというと、空港に集合して、チャーター機で出発。到着した翌日に球団主催のゴルフコンペがあり、ここには全員が参加していました。終わったら宿泊先のホテルで祝勝パーティーが開かれ、スポーツニュースで流されるのは、だいたいこのゴルフコンペと、その後のパーティーの映像でしょう。

翌日以降は基本的に自由。家族と出かけてもいいし、仲間とゴルフやショッピングに行ってもいい。ゴルフ場は、プレー可能なコースを球団が押さえてあり、クルーズディナーなどのアクティビティもかなり充実しています。球団がすべて手配し、メニューとして用意されているので、ぼくたちはどこへ行くか、何に参加するかを決めて、時間が来たらホテルのエントランスからバスに乗っていくだけ。

まさに至れり尽くせりといった旅行で、あれを経験すると「来年もまた来るぞ」と、選手たちのモチベーションは爆上がりします。参加できなかった選手も、旅行の後に話を聞かされるので「来年こそは」という気になるでしょう。

ぼくは2回参加したと言いましたが、いい思い出しかありません。

Another Angle 1

球場がワァーッと盛り上がる選手登場曲は誰が選ぶのか？

球場で観戦していると、選手登場曲が流れて、スタンドが一気に盛り上がる瞬間があります。一体感が生まれて、その場の空気がガラッと変わる。球場で観戦する醍醐味の1つで、スター選手ほど盛り上がるいい曲を使っていますよね。

あの登場曲は誰が選ぶのかというと、選手本人。ぼくも自分で選んでいました。スワローズ時代はSEKAI NO OWARIの『スターライトパレード』。ナイター照明の神宮球場、そして夜空を思い浮かべて、自分が打席に向かう姿を想像したらピタッとはまって、聴いた瞬間に「これや！」と。

テンポはスローですが、緊張しているときにアップテンポだと、緊張に拍車がかかると思い、選びました。自分で言うのもなんですが、この曲、けっこうはまっていた気がします。1軍と2軍を行ったり来たりしている選手だったぼくが、多くのファンから応援してもらえたのも、この曲の存在が大きかったのではないでしょうか。

登場曲はセルフブランディング

スタンドがワァーッと盛り上がれば、選手は背中をググッと押してもらえた感覚になります。それが力にもなる。逆に相手からすると、球場の一体感が増すとやりにくく感じるものです。登場曲は自分のブランディングであると同時に、球場の雰囲気をガラッと変えられるツールでもあります。若い選手には、そこまで考えて選んでほしいですね。

2nd Inning

なみさん、野球界のお金の話と人間模様のあれこれ、まとめていけますか？

2nd Inning

「う〜ん、いきましょう」

お金、そして人間関係。世間のみなさんと同じく、プロ野球選手もこの2つに翻弄されることがあります。いや、日々翻弄されている、と言ったほうが正しい。翻弄のされ方には、世間の常識からちょっとズレているところがあるかもしれないので、現場で身をもって体験してきたことを、明かせる範囲で伝えていきましょう。

プロ野球では1勝ごとにお金がもらえるって本当?

プロ野球にまつわるお金のお題というと、最初に思い浮かぶのは年俸や契約金かもしれません。でも、ここではちょっとひねって、「耳にしたことはあるけれど、具体的にどうなのかまでは知らない」という疑問に答えていきたいと思います。

例えば「プロ野球では1試合ごとに賞金が出るらしい」といううわさ、聞いたことがある人もいるでしょう。**これは、あります。正確には、ぼくが現役の頃は「勝利給」として多くの球団にありました。**その後、なくなったという話は聞いていないので、たぶん今もあるのではないかと思います。

勝利給とは、**公式戦で1勝するごとに発生する賞金のようなもの**ですが、プロ野球界全体で統一されているわけではなく、**条件は球団によって異なります**。1つのパターンは、試合に1つ勝つごとに出る勝利給。もう1つは、シーズンの成績に借金がない、つまり勝ち越している状態に限り、1つ勝つごとに発生する勝利給。この場合、負け越していると、当然ながら試合に勝っても勝利給はなく、ちょっと渋い感じです。

勝利給は球団が用意する一時金、ボーナスともいえ、金額に決まりはありません。会社と同じで、ポンッと気前よく出す球団があれば、渋い球団もあります。ぼくは2つの球団に所属していて、**どちらかは控えますが、当時の勝利給は1勝ごとに60万円**。これは総額で、勝利の貢献度に応じて分配されるわけです。60万円が多いか少ないかに関しては、他球団のうわさをふまえると、平均的な金額だったと思います。

どう分配されるかですが、**試合に勝ったら、まず1軍登録選手、裏方も含めてみんなに一律5000円を支給**。残った金額を貢献度別に分配していき、決勝タイムリーを打った選手や、勝ち投手の権利を持ったまま降板した先発ピッチャーなどが多くもらえます。あとは、先制タイムリーを打った人や、一打逆転の場面をしのいだクローザー、ピンチを救うファインプレーをした野手、決勝点につながるバントや進塁打を決めた選手などが続きます。**査定担当の職員が細かくチェックしていて、活躍に応じた分配金がもらえる**わけです。

査定は試合ごとに行いますが、勝利給の支払いは試合ごとではなく、10勝したらまとめて清算する、というケースが多かったようです。10勝分でどれくらいもらえるかというと、ぼくの場合、スタメンが多く、バッティングが好調だったときは、**最高で100万円弱もらった**覚えがあります。**あれは、めちゃくちゃうれしかった。**

球団によって勝利給には差があるといいましたが、平均額よりもかなり高く設定しているお金持ち球団が、当時は何球団かありました。ある人気球団のレギュラークラスになると、「年俸に手をつけなくても勝利給だけで生活できる」という話を聞いたこともあります。球団名は控えますが「伝統の一戦での猛打賞は、それだけで30万円だった」と耳にした覚えが……。あ、これじゃバレバレですね（笑）。

プロ野球には情状酌量の余地がない罰金制度がある？

勝利給のほかに、罰金があると思っている方も多いようです。審判に抗議した監督が退場になったり、判定に不満な選手が暴言を吐いて退場したりした翌日、「○○監督に制裁金○万円」とニュースになったりしますが、あれはNPB（一般社団法人日本野球機構）が科した制裁金であって、罰金とはちょっと意味合いが違います。11年間のプロ野球生活を通じて、**球団が罰金制度を設けていると意識したことは……ない**かもしれませんね。

練習やミーティングに遅刻しても、制度としての罰金はなかったと思います。スワローズ時代、遅刻が原因で、ある選手に罰金50万円が科された、とニュースになったことがありましたが、実は監督がその50万円を預かっておいて、シーズン終了後に返してもらったそうです。**罰金というより「愛のあるお灸」**に近いでしょう。

そう言えば、はっきり罰金と言われた記憶が1つだけありました。ファイターズに入団してすぐ「1塁に**ヘッドスライディングしたら罰金**だからな」とコーチから。理由はケガのリスクを避けるためで、聞いて、なるほどと納得しました。それとセットで思い出すのがプロ初ヒットの光景です。2009年9月1日、千葉マリンスタジアムでの千葉ロッテマリーンズ（以下、マリーンズ）戦。プロ初打席を凡退したあと、その翌年にめぐってきたぼくのプロ通算2打席目、1・2塁間に強い当たりのゴロを打ちました。

「抜けた！」とヒットの手応えを感じた次の瞬間、セカンドが横っ飛びでボールを捕球するのが見えました。「あかん！　何してくれてんねん！」。ぼくは無我夢中で走って、**気がついたら頭からザザーッと、1塁へヘッドスライディングしていたん**です。間一髪、セーフ。これがプロ初ヒット、内野安打になったわけですが、次の瞬間、われに返って「やってもうた〜」」。罰金覚悟でベンチに戻ると、「**まあ、初ヒットだからな。今回だけは許してやるよ**」と。おかげさまで、罰金なしの初ヒットをよろこぶことができました。

プロ野球選手にとって最も身近なのは、選手間で集める罰金でしょう。といっても、試合前のシートノックでエラーした、試合後、ベンチにバットや飲み物を置きっ放しにしておいたなど、ちょっとした気の緩みに対するペナルティのようなもので、**金額自体はごくわずか。使い道はシーズン中の食事会、オフのゴルフコンペの景品代などに充てられていました。**いわゆるポジティブな罰金であり、楽しい思い出ともセットになっています。

契約金は何に使う？　本当に退職金代わりになる？

ドラフト会議を過ぎると、「1位指名の○○、契約金1億円＋出来高5000万円で合意！」など、気前のいいニュースを目にするようになります。**プロ野球の契約金は、1億円＋出来高5000万円が上限で、年齢も考慮されるものの、基本的にドラフトの指名順位が高いほど高額**です。1億5000万円は夢のある数字で、「退職金代わり」といわれたりもしますが、そこまで残せる人は、たぶんひと握りでしょう。

ドラフト7位で指名されたぼくの場合、契約金は2000万円でした。2月のキャンプ中に初任給と一緒に銀行に振り込まれ、今まで見たことのない桁の数字が通帳にズラッと並んでいて、「お―――ッ!」と、めちゃくちゃうれしかった。

では、**契約金の使い道ですが**、定番なのは、**お世話になったチームや学校への寄付、寄贈**です。ぼくも、明治大学の野球部に寄贈しようと思って、マネージャーに連絡したら、「ありがとうございます。では、バッティングゲージのネットをお願いしてもいいですか」と。

こっちは大金が入って気が大きくなっているから「ええよ」と二つ返事です。金額を確認してもらうと約1００万円だったので、それを寄贈しました。**今も、明大グラウンドのバッティングゲージのネットには「今浪隆博寄贈」とあるはず**です。思い返すと、2０００万円に対しての1００万円は絶妙な金額設定で、ぼくの契約金を調べ、程よい塩梅を提案してくれたのかもしれません。

大学の後、**高校にも何か寄贈しようと、龍谷大平安高校野球部の原田英彦監督にも連絡をしました**。プロに入ったことを報告して、何か寄贈したいと申し出ると、「契約金はなんぼもらったのか」「大学には何を寄贈したのか」聞かれました。正直に答えると、**原田監督は「いらん」。そして「お前の金だから、好きに使ったらええ」**と。

プロ入りしたとはいえ、ドラフト上位組に比べたら少ない契約金です。それに、プロ野球選手としてどれだけ稼げるかは、わかりません。だから「大事に使え」ということだったのでしょう。中学の野球部のボーイズリーグの監督からも同じように言われました。

ドラフト上位の選手は寄贈額も大きくなるし、**いきなり「0」がたくさん並んだ通帳を見て、金銭感覚がおかしくなる選手もいます。**金遣いが荒くなって1年経ち、確定申告の時期になると「え……」、契約金が意外に残っていないと驚く人も。税金を払ったらほとんど残らなかった、という極端な選手もいます。というわけで、多くの場合は**「契約金は退職金代わりにならない」**というのが現実です。

今、ぼくが密かに温めている構想は、プロ野球の契約金では母校の高校、中学に何も寄贈できなかったので、ユーチューブチャンネルの広告収入ががっぽり入ったら、「ユーチューバー今浪隆博」として何か寄贈すること。まだ、その気配はありませんが……。みなさまのチャンネル登録お待ちしております！（笑）。

現役引退後の税金、生活への備え、プロはどう考えている？

プロ野球選手は個人事業主であり、会社員のような退職金はありません。契約も、スター選手なら複数年契約も可能ですが、**多くの場合は単年契約。来年も職業として野球を続けられる保証はありません。**いきなりの戦力外通告もあり、「引退後の税金の支払い、大変ですよね？」、そんな心配をされることもあります。

ぼくの場合、**引退した2017年シーズンの年俸は3000万円**でした。翌年の確定申告ではここに税金がかかるわけで、「引退して無職なのに大変でしょう」というわけです。確かに大変で、税金の支払いに困る人もいるでしょうが、ぼくの場合は特に問題ありませんでした。実家が資産家なわけでも、現役中に投資で大儲けしたわけでもなく、**意外に堅実派なので、いつかやってくる引退を見越した貯蓄をしていました**。それにプラスして、**退団共済金制度を使い、毎月それなりの金額を積み立てていた**から問題はなかったですね。

退団共済金制度はプロ野球選手なら誰でも加入できる共済制度で、選手会は「入ったほうがいいですよ」とすすめてきます。実際、これはマジで入ったほうがいい！　仕組みは簡単で、**毎月積み立てる金額を1口1万円〜最大50口50万円から任意で選ぶだけ**。**毎月の給料から天引きされるので、振り込みなどの面倒もありません**。定期預金に近い、といってもいいでしょう。更新は毎年1回で、2月のキャンプ中に選手会から用紙を渡され、今年は何口にするかを記入して提出します。仮に25口だとすると、年間300万円。10年で3000万円ですから、引退後の税金問題に対する備えになります。

ぼくは、プロ入り1年目に3口から始め、最も多いシーズンは25口で積み立てていました。これがあったから、引退後に税金を払うために金策をする必要はなかったし、**もっと多く**

積み立ててもよかったと思っているほどです。

多くのプロ野球選手が加入していますが、中には途中で解約する人もいます。「家を買うから」「クルマを買うから」、そんな理由で**解約する若い選手に対しては、お前、ちょっと待て。もう少し考えてみようか、と伝えたい**ですね。若い頃は目先のことにとらわれがちですが、いつかプロ野球選手じゃなくなる日が必ず来る。そうなってから青ざめないように、備えはそれぞれが自己責任で行うべきです。

住めば都か。プロ球団の寮ってどんなとこ?

強豪校と呼ばれる高校、大学で野球部に所属した経験がある方なら、寮生活、特に1年生のときには「思い出したくない理不尽な記憶」があるかもしれません。ぼくもまあ、それなりの洗礼は受けました。

先輩の言うことは絶対で、1年生はパシリもしょっちゅう。コンビニでパンを買って来いと言われ、どんなパンかたずねると「センスや」……。正解はどこにもなく、何を買っていっても、すんなりは終わりません。友人は「コーラが飲みたい」と先輩から言われ、**寮の1階の自販機で買っていったら、「渋谷のコーラが飲みたいねん」**と(笑)。

程度の差はあっても、上下関係は絶対なのがあの頃の野球部でした。

プロ野球では、既婚者などを除き、新人はまず寮に入ることになります。学生時代の理不尽な記憶があると、ここでも新人はいびられるのかと思うかもしれませんが、**安心してくださ い、いびられませんよ！** お風呂は大浴場を使うものの、新人が掃除をやらされるようなこともなく、野球に専念できる環境が用意されていました。

ほくが入団したファイターズの場合でいくと、**部屋はすべて1人部屋で、自分で選ぶことはできず、入所の時点で誰がどこに入るか決められていました。**広さは8畳くらい、家具はベッドがあるくらいで、冷蔵庫、テーブル、ソファなどは自分で購入。エアコンは取りつけてあり、学生が暮らすワンルームマンション、のような感じです。

門限はあって、あの当時は確か22時30分。この時間を過ぎるとカギをかけられてしまうので厳守です。外泊は基本的に認められていませんでしたが、後で聞いた話によると、スワローズの寮は、申請すれば月に何回か外泊もOKだったようです。**来訪者については意外に厳しく、家族でも入れるのはロビーまでで、部屋には入れません。**友達はもちろん、彼女の連れ込みミッションも、もちろん不可！ 試したこともありませんが……。

野球に集中できる環境が整っているし、寮内は清潔で、食事もついて、とっても快適です。**家賃として払っていたのは確か3、4万円だったので、かなりリーズナブル**ですね。

プロ野球の上下関係にも鉄の掟がある？

芸能界では、年齢に関わらず芸歴で上下関係が決まるようですが、プロ野球は年齢で決まります。入団年次は関係ありません。

ぼくは大卒なので、プロ1年目の時点で22歳でした。高校からプロ入りして3年目の選手は21歳ですが、ぼくのほうが年上なので「今浪さん」と呼ばれます。年齢のほうがすっきりしてわかりやすいのですが、**たまに「？」となるケースもあります。浪人して大学に入学した人の場合、学年は同じでも年齢は違うから**です。これはぼくも経験しました。

２００６年のドラフトで指名され、ぼくは明治大学からファイターズへ。同じ年、早稲田大学の山本一徳さんも、ドラフトでファイターズへ入団しています。大学は違いますが、東京六大学野球のリーグ戦で何度も対戦しているし、よく知った間柄です。**山本さんは一浪しているので年齢は1つ上。**でも大学では同級生ですから、**向こうはぼくを「なみ」、ぼくは山本さんを「もっさん」と呼んでいて、何の違和感もありませんでした。**大学のときは、相手が浪人していても同学年ならタメ語が当たり前なので、その延長です。

ところが、キャンプインしてしばらく経つと、同じ歳の選手からこんなことを言われました。「お前、山本さんに対してなんでタメ語なん？」。彼らにとって、山本さんは１つ年上の先輩で、ぼくだけタメ語なのに違和感があったようです。そんなことまったく考えてなかったので、ちょっと衝撃でした。でも、彼らの違和感もわかります。

その日の夜、チームメイトに言われたことを話して、もっさんに「明日からもっさんじゃなく、山本さんと呼ぶわ」と。向こうは「おいおい、いきなり気持ち悪いよ。今まで通りでいいよ、呼んでよ……」と言ってくれました。でも、**もっさんにはタメ語で、もっさんと同じ歳のほかの選手には敬語を使うのもちょっと変**でしょう。いちいち、**2人の関係を説明するのも面倒なので、それなら思い切って敬語に**しよう、と。

もっさんは嫌がってましたが、結局、次の日から「なみ」「山本さん」の関係になり、今はもともと先輩、後輩だったように自然に呼び合えています。

芸能界では、何人かで食事や飲みにいった場合、年上の人が払う、おごると聞いたことがありますが、これはプロ野球も同じです。問題は、自分よりも年下なのに、年俸は圧倒的に多くもらっている後輩の場合。いくら高給取りだからといって、こっちにも先輩のメンツがありますから、「あざーす！」「ゴチになります！」、とは言えません。**たとえ年俸では負けていても、先輩が出す。**そのとき、冗談で「お前のほうがもらってんのになあ」というやりとりは、どこででも起こっているはずです。そう言いながら先輩が払って、後輩は「ごちそうさまです！」となるのが、この世界のお約束の流れですね。

同じ歳の場合は、年俸の差があっても割り勘が基本。ただ、高給取りの同期からの誘いで、それなりの**高級店に行った場合は、向こうに多く払ってもらうことも**ありました。メンツも大事ですが、財布のダメージも考えないといけませんから（笑）。

球界にはびこる「暗黙のルール」とは何？

年齢による上下関係も、年上が食事代を支払うのも、何か特別な決まりがあるわけではなく、いわゆる「暗黙の了解」というやつです。プロ野球には、この暗黙の了解がけっこうあります。みなさんも聞いたことがあるでしょうが、例えば**「点差が開いているときは盗塁をしてはいけない」**など。

確かに、そういう雰囲気にはなります。でも「何点差だったらいけないのか」の**基準が曖昧**です。だから暗黙ではあるのですが、**現場の選手が戸惑う**ことがけっこうあります。チーム内でも「あれはダメ、これはＯＫ」と教えてくれるわけではなく、そのへんは選手それぞれが空気を読む、ということになるわけです。

点差が開いているときのバントヒット狙いNGも、暗黙の了解に含まれるでしょう。これは難しいところで、点差に関係なく、選手には個人成績もかかっているわけで、ちょっとピッチャーを揺さぶろうと思ってバントの構えをしただけで、相手のベンチが殺気立つこともあります。その基準が何点なのかわからないので、こっちは「そういうつもりじゃないのに」でも、相手には伝わらない。たぶん、満塁ホームランを打たれても同点にならない5、6点差が分かれ目なのだと思いますが、ここはずっと謎に感じていました。

選手は「点差が開いている」と思っても、**ベンチからサインが出たら、それに従わないわけにはいきません。**2軍の試合、けっこう点差が開いている状況で、バッターにバントのサインが出たことがあります。初球、サイン通りにバントしようとしたら、ファール。すると次の瞬間、**相手のベンチは「おい！　お前！　何してくれんねん！」と、殺気立つのなんの。**これはサイン変更かなと思ったら、次のサインでもバント……。**バントしたら相手ベンチから怒号が飛ぶ**し、かといって、**サインを無視したらベンチから叱られる**し、このときはバッターが気の毒になりましたね。

暗黙の了解で、背筋がビシッとしたこともあります。入団して何年目だったか、1軍での試合で、ぼくが1塁ランナーだったとき、バッターがセカンドゴロを打ちました。咄嗟の判断でスタートを遅らせ、守備妨害にならない程度にセカンドにプレッシャーをかけた。すると、ボールをジャッグルして2塁に送球できず、ダブルプレーを回避できました。

ぼくからするとナイスプレーだし、チームメイトもそう思ってくれたはずです。でもその後、相手チームのセカンドが近づいてきて、「**おい、あれは後ろを通ろうな**」と、**真顔で低く、ボソッと。**そのセカンドは、いわゆるレジェンドクラスの選手です。相手によって暗黙の了解を使い分けなくちゃいけないのかと、正直ビビりました。

引退、戦力外、自由契約って、いったい何が違う？

シーズンが終わると、ドラフト会議が大きなニュースになる一方で、球界を去る選手たちのニュースも報じられるようになります。個人的に知っている選手だと「あいつも引退するのか」としみじみしたり、「え！　あいつが戦力外通告なのか」と驚いたり……。

こういうニュースにふれるとき、**引退、戦力外通告、自由契約、ノンテンダーなど、いろんな報じられ方をします。確かにややこしく感じますが、これ、めっちゃ簡単。**ひと言で済みます。ファンの方からも、その違いについて聞かれることはけっこうあります。

要は、「**引退か、それ以外か**」。

引退は想像通り、選手が自ら判断して「今年でユニフォームを脱ぎます」と球団に伝えるもの。ほかの戦力外通告、自由契約、ノンテンダーに関しては、表記の仕方が変わっているだけで、要は球団から選手に対して「来シーズンは契約しない」と伝えるもの。現役続行を希望する選手には、トライアウトへの参加を考える人がいれば、あれこれ考えた結果、引退して第2の人生を歩む人もいます。

ではなぜ、意味は同じなのに表記の仕方が異なるのか。これはあくまでもぼくの想像ですが、**選手の実績によってメディアが使い分けている気がします**。例えば「**引退**」**が使われるのは、スター選手、レギュラークラスの選手が多い**はずです。引退は任意であり、こう報道された選手に対しては、「ああ、もうやり切ったんだな。お疲れ様でした」と、ファンも拍手で見送りたくなるはずです。

引退にはポジティブな印象もあると思いますが、それはほぼ正解です。というのも、**自分から引退を伝えられる選手は、なんらかの形で球界に残る可能性が高い**からです。仮に球界には残らなくても、すでに別の仕事のオファーがあって、あと数年現役を続けるか、思い切って決断するか、天秤にかけて引退となる選手もいます。

ただ、自分から球団へ「引退します」と伝えられる選手は、実はほんのひと握り。超一流で、引退後の心配は何もしなくていい選手くらいで、それ以外は「まだ稼ぎ終わってない」が正直なところでしょう。多いのは、球団から戦力外通告を受けて、考えた末に引退となるケース。つまり、引退にも2つのパターンがあるわけです。

戦力外通告と自由契約の使い分けは、ちょっと微妙です。**ぼくの印象だと、それなりに**

実績、知名度がある選手は自由契約。これだと、判断は本人にゆだねられる印象があるでしょう。**戦力外通告は、はっきりとしたクビ宣告。**2軍選手はもちろん、1軍に定着できなかった選手も含め、最も多いのは戦力外通告で、ぼくも受けました。

非情な通達。戦力外通告はどうやって伝えられる？

球団からの戦力外通告には期間が決められています。その期間内であればいつ通告してもいいのですが、レギュラークラス、準レギュラークラスはまだしも、自分は当落線上にいると自覚している選手は、ぼくもそうでしたが、**期間内に携帯電話の着信音が鳴ると、それだけでドキッ！　まさに寿命が縮まる思い**です。

来るなら今日あたりかな……そう思って過ごし、通告期間がすぎるとホッとして、ようやく来シーズンのことを考えられるようになります。この期間、どの球団も第1次と第2次に分かれているはずです。**第1次はドラフト前で、ドラフトの結果に関係なく、球団からクビを宣告されるパターン。第2次はドラフト後になりますが、ドラフト会議で指名した選手のポジションに合わせて、新たに戦力外候補となる選手が出てくる**ため、2つの期限が設けられているわけです。当落線上なのかはっきりしない選手は、ドラフトの結果をチェックして、これならセーフ、ああアウトかもと、一喜一憂したりします。

ぼくの場合、最後のシーズンはケガや病気もあって満足なプレーができなかったし、年齢的にも覚悟していました。**編成の方から電話があったときは「あ、来たな」と**。「なみ、申し訳ないんやけど、〇日、球団事務所に来てくれるかな」。こっちが恐縮するくらい、控えめで丁重なトーンで話されました。**この電話で、選手たちの人生が大きく変わる**わけですから、伝える方もいたたまれない気持ちなんだと思います。

当日のやりとりは、意外にあっさりしたものでした。双方、どういう場かわかっているので、今シーズンの評価を聞き、「申し訳ないけど、来年は今浪と契約できない」と伝えられました。「これからどうする？」と編成の方に聞かれましたが、中には現役を続けるためにトライアウトを受ける選手がいれば、自分が戦力外とは想像していなくて、しばらく絶句したままの選手もいるそうです。

ぼくは、**戦力外通告を受けたら引退しようと決めていた**ので、そう伝えました。事務所を出るとマスコミの囲み取材があり、「引退します」と。その足でクラブハウスに向かい、監督やスタッフ、選手たちに挨拶しましたが、監督や首脳陣は当然承知しています。「お疲れさま。ありがとう」と送り出され、選手は知らされていないので、「ほんまか」と、驚き、別れを悲しんでくれる人もいました。

では、ぼくのケースはマスコミにどう取り上げられたのか。

球団とは「引退で発表しよう」となっていたので、「今浪隆博、引退」と書かれていたはずです。ただ1社だけ「今浪、戦力外通告」となっていたところもありました。なぜそうなったのかは、メディアの判断なのでぼくにはわかりませんが……。

生え抜き組と移籍組。切られやすいのはやっぱり移籍組？

ぼくは2014年のシーズンが始まってすぐ、ファイターズからスワローズへトレードで移籍しました。**日本のプロ野球には、トレードをネガティブにとらえる面もありますが、メジャーリーグならトレードなんて当たり前。**戦力として期待されて移籍するのですから、ぼくは前向きに、ポジティブにとらえていました。振り返っても、スワローズ時代にもたくさんのいい思い出があり、両球団に感謝しているほどです。

実際、トレード先で活躍する選手もたくさんいるし、**戦力としての視点では、待遇の差はない、と断言できます。**実力があり、チームに貢献できると判断されれば、移籍組でもどんどん試合に使ってもらえます。

差があるとしたらキャリア終盤、次のシーズンの契約を更改するか、球団が考え始める頃

からでしょう。例えばAとB、年齢の近い2人の選手がいたとします。Aは生え抜き組で、Bはトレード移籍組。ポジションは同じ内野手で、シーズンの出場試合数、打数や打率がほぼ同じなら、**肩を叩かれるのは移籍組のBとなるケースが多いはず**です。ドラフト指名されたAには、育成のためのコストもかかっているし、球団の担当者に情も湧くでしょう。Bにはそれがなく、あっさり戦力外通告されても不思議はありません。

もちろん、すべての移籍選手に当てはまるわけではないし、トレードで移籍してから長く活躍し、引退後はコーチとして球団に残るケースもあります。あくまでも**一般論として、キャリア終盤の評価は、移籍組のほうが辛くなるはず**です。これは選手もわかっていて、トレードで移籍をしたら、すぐに結果を出さなければいけないと、必死になって相手を研究し、努力します。特にシーズン終盤、優勝やクライマックスシリーズ進出につながる活躍を見せれば、印象がググッと爆上がりするため、がんばりどころ。そんなところに注目すると、プロ野球の見方が少し変わるかもしれません。

プロ野球選手の中で「出身校マウント」をとれる高校はどこ？

ユーチューブのチャネルで取り上げると、その回の再生数が予想を超えた伸びを記録したテーマがこれ！　時代や、主観によるところが大きく、あくまでと何回も重ねて前置きした上で、**一部の高校については、あります。「お～○○出身なんや」と思ったこと、ぼくもありますから。**高校野球番付的なサイトがあったので、それをサンプルとして、ぼくの感想、印象、妄想をまとめてみました。おつき合いください。

・**大阪桐蔭高校**　これは、ある。実際「お前、大阪桐蔭か」という話、よく聞きます。**大阪桐蔭からプロに入る選手には特徴があって、なんというか、めちゃくちゃ自立してる。**自分がなりたい姿が明確にあって、そこに向かって練習に取り組んでいるんだなと、わかります。大人っぽいというのか、一目置かれるところはあります。

・**横浜高校**　これは、少しある。ただ、大阪桐蔭のように「やっぱり横浜高校だな」と、個々の選手に対しての共通イメージはないかもしれません。

・**智辯学園和歌山高校**　これは、ないかなあ。ぼくら世代では高校野球最強ブランドの1つでしたが、プロで活躍している選手は、あまり思い浮かびません。

・**仙台育英学園高校**　これも、ない。ただ、これから全盛期を迎える可能性があり、**数年後、仙台育英ブランドでマウントをとれる日が来るかもしれませんね。**

・**明徳義塾高校**　これも、ない。独特の「馬淵節」で多くの名言を残した馬淵監督は、プロ野球界でもよく知られた存在ではありますが。

・帝京高校　これも、ないですねえ。ぼくらの上の世代ならあるのかもしれません。
・天理高校　ないです。ここも、ぼくよりも上の世代かもしれません。
・常総学院高校　木内監督はとても有名ですが、ここもないと思います。
・広陵高校　……ないです。
・日大三高　すいません、ないです。
・龍谷大平安高校　ぼくの母校ですが、ないです。**原田監督はすごく有名で、選手同士の会話の中で、名前が出ることはあります。**
・東海大相模高校　ないです。
・ＰＬ学園　ないです。これもぼくより上の世代ならあるでしょう。

まとめると、**プロ野球界で出身校マウントがとれる高校は、大阪桐蔭、横浜高校、ぼくの恩師の原田監督（笑）**。こういう結果になりましたが、あくまでもぼくの感想なので、関係者のみなさん、気を悪くしないでください……。

なみさんのQ&A Knock

ユーチューブチャンネルに寄せられた視聴者からの質問を
できるだけ「Yes or No」でコンパクトに打ち返します！
ここではお金の話を中心に、いきましょう。

1 戦力外通告を受けた後、球団で送別会的なものをやってもらえる？

はい「あります」。ただ、球団が開催するというのは、ないかな。秋のキャンプが終わると選手納会があり、ゴルフコンペ、泊りでの宴会が定番ですが、ここで退団する選手をねぎらいます。よっぽど問題のある辞め方をしていない限り、みんな参加していました。

2 契約更改の場で交渉して、提示額から上乗せしてもらった経験は？

えーと「ありません」。演技で首をかしげたり、「あの試合の評価はどうなっていますか」と質問したりはしましたが、だいたい「これはこう、あれはこう」と、球団はかなり細かく査定しているもの。それ以上は何も言えず、いつも1分くらいで終わってました……。

3 デッドボールでケガをしたとき、球団から補償されたりするの？

場合によっては「あります」。場合というのは、球団が公傷と認めた場合。治療費は球団が負担するし、減俸分を補填してもらうこともできます。試合中、練習中のケガが対象になるものの、デッドボールで公傷として認められることは、あまりなかった気が……。

4 2軍の選手、育成の選手の場合、バットが折れたら自腹で調達？

これは「メーカーから提供してもらえる」です。1軍の選手がメーカーと契約しているのはもちろん、2軍の選手、育成選手も基本は契約、提供してもらっています。

5 シーズン中にトレードになったら引っ越しは球団が世話してくれる？

これは「自分でやるしかない」。元の球団、移籍先の球団から引っ越し費用はほぼほぼ出してもらえますが、住むところは自分で探します。ぼくの場合、まず1人用のマンションに短期間の賃貸で入り、その後で家族と一緒に住むところを探しました。

6 交換トレード相手の、その後の活躍はやっぱり気になるもの？

これは「めちゃくちゃ気になる」。向こうがめっちゃ活躍しても複雑な気分だし、活躍していなくても、なんか気分はパッとしません。理想はこっちも向こうも新天地で活躍して、チームに貢献することなので、成績はけっこう気にしていました。

3rd Inning

なみさん、
「スポメンTV」でも人気だった
2軍生活のリアルと裏話、
もちろんいけますよね？

3rd Inning

「もちろんいけます!!」

レジェンドクラスの元プロ野球選手の話は、めちゃくちゃ面白い。でも、2軍がテーマなら負けないし、経験値が高いぶん、ぼくのほうがより深く、突っ込んでいけるのではないかと思います。ヒマワリのように華やかな1軍選手の陰で、ツキミソウのようにひっそり咲く2軍選手たちのリアルを、まとめていきましょう。

1軍と2軍の待遇差はどのくらいある?

ぶっちゃけ、ぜんぜん違います。

いくつか格差ポイントを挙げていくと、まずシーズン中の移動。**1軍は新幹線移動なら座席はグリーン車で、球団が手配してくれます。**駅に着いたら、ホテルまではタクシーを使い、もちろん経費として精算可能。何時までに集合という決まりはなく、移動は基本的に個々の選手にまかせるのが1軍です。

2軍の場合、新幹線はもちろん普通車で、駅での集合時間が決められています。みんな揃ったら、駅からホテルまではバス移動です。

新幹線の座席と同じくホテルにも差があって、**1軍は世間的に見ても、かなり良いホテルに宿泊しますが、2軍は安いビジネスホテルです。**1軍は、かなり良いホテルのフロアを貸切り、選手が過ごしやすいようにしますが、2軍は特になし。

ホテルに差があれば、当然、食事にも差があって、**1軍は試合前も試合後も、めちゃくちゃ豪華なケータリングが用意されます。**どれくらい豪華かというと、メニューは選び切れないほどあり、アルコールも用意され、パーティー会場かと思えるほど豪華です。

2軍は普通のケータリング、メニューも限られたもので、アルコールはありません。

移動して、その日が休みの場合、**1軍にはミールクーポンが支給されます。ホテルでの飲食に使えるクーポンで、当然、球団持ちです。2軍にはなく、ごく普通の食事が用意されるだけです。**

アメリカでは、マイナーリーグを「ハンバーガーリーグ」と呼び、メジャーリーグとの間にはものすごい格差があります。

日本のプロ野球の1軍、2軍にアメリカほどの差はないものの、ハングリー精神を養うという意味を含めた格差はあります。2軍の選手から見ると、やはりうらやましいですから、1軍選手の待遇は。

2軍の首位打者と1軍昇格の話があれば、どっちを優先する？

1軍と2軍で明確に異なるものに年俸があります。**プロ野球の最低保証年俸は「1600万円」**と聞いたことがある方もいるでしょう。でも、これは1軍の最低年俸であって、2軍は含まれません。**1軍、2軍の両方を合わせた全支配下登録選手の最低年俸は「440万円」**です。育成選手を除けば、この金額以下で契約しているプロ野球選手はいません。

1軍に定着しているレギュラークラスの選手なら、最低でも1600万円はもらっているわけですが、**1軍と2軍を行ったり来たりしていた、ぼくのような選手はさて、どうなる**のでしょうか。

これは日割り計算です。1軍最低保証年俸は、145日間1軍に登録されていると満額もらえます。例えば、年俸が500万円の選手の場合、1軍最低保証年俸の1600万円との差額（1100万円）を145日で割り、1軍登録日数をかけた金額を、シーズン終了後に年俸とは別にもらえるのです。登録日数が50日だった場合、

1100÷145＝約7・58万円、ここに×50で「379万円」となります。

では、1軍ではほとんどプレーできなかったのに、**2軍でめちゃくちゃ活躍して三冠王**

になったら、翌年の年俸は跳ね上がるのか。残念ながら、それはなし。**契約の査定では、2軍の成績はほとんど考慮されない**からです。

ぼくの印象だと、660万円がボーダーラインで、これを超えると、2軍で活躍しても給料はほとんど上がりません。**1軍で活躍してこそ一人前のプロ野球選手。2軍の帝王ではいけないのです。**

あるシーズン、ぼくは2軍で首位打者を狙えるところにいました。シーズン終盤を迎え、規定打席に達すれば首位打者はほぼ間違いないという時点になって、「なみ、明日から1軍へ行ってくれ」。ファームの首位打者がいいのか？　試合に出られるかわからない1軍のほうがいいのか？　と、ぼくは……悩みませんでした、1秒も。

2軍で首位打者をとっても、賞金として10万円くらいもらえるだけ。でも1軍に上がれば、たとえ10試合の帯同でも数十万円は年俸にプラスされるわけで、やはりプロ野球は、1軍にあがってナンボの世界です。

1軍と2軍では練習環境にも格差がある？

1軍と2軍では、年俸、待遇を含めて大きな格差があることはわかっていただけたでしょう。では、グラウンドの練習環境は？　2軍は育成の場ですから、ここにはあまり差がないと思いたくなるものの、現実は厳しかったりもします。

ぶっちゃけ、練習環境もめちゃくちゃ違い、1軍が圧倒的に恵まれています。最も大きな違いはスタッフの数。例えばバッティングピッチャーですが、ぼくが所属していた頃の2つの球団の2軍には、いませんでした。打撃練習で投げるのはコーチだったり、マネージャーだったり。一応は野球経験者ですが、本職ではありません。変化球のキレも、お世辞にもいいとは言えない……。

1軍には5、6人のバッティングピッチャーがいて、みなさん、コントロールがめちゃくちゃいい。変化球も本物。自分が苦手なコース、球種をお願いすると、そこにしっかり投げてくれるので、質の高い打撃練習ができます。

2軍では投げてくれる人が少ないので、マシンを相手にバッティング練習する時間も長くなるのですが、やはり**マシンとピッチャー経験者が投げるボールは違う、まったく別物**です。マシンの場合、どれだけ速くても、2軍とはいえプロですから「イチ、ニ、サンッ」のタイミングで打てる。なので、**マシンを打たせたら、ほれぼれする打球をガンガンかっ飛ばす、「マシンを打たせたら1億円プレーヤー」がいっぱいいます。**

でも、試合でのピッチャーの生きたボールに対しては、タイミングが合わず、対応できないケースも多々あるのです。

ブルペンキャッチャーも1軍のほうが多いし、トレーナーの数も同じく。練習の後、1軍ならあまり待たずにケアしてもらえますが、2軍はトレーナーが少ないため、けっこう待つこともざらにあります。

守備練習でも、2軍の場合、1塁、2塁のベース付近にネットを置いて、そこに向かって送球することもありました。これ、けっこうアバウトに送球してもネットに入ってしまうから、プレーが雑になりがちです。1軍はもちろん、ベースに人がついて、ピンポイントで送球する練習ができます。施設、道具は1軍と2軍で差はありませんが、スタッフの数を含めた環境には、大きな違いがあるのが現実です。

マスコミでほぼ報じられない、2軍キャンプの実態とは？

この格差は、シーズン前のキャンプだとより明確になります。

2軍のキャンプは、1軍と比較してすべてが「**コンパクト**」。これ、とっても重要なキーワードなので、最初に強調しておきたいと思います。

まず選手の数ですが、**2軍のほうが圧倒的に少なく、コンパクト**です。若手がいる2軍のほうが、参加人数は多いイメージかもしれませんが、**若い選手、将来を期待されている選手は、1軍からキャンプをスタートすることが多いため、必然的に2軍の人数は少なくなる**のです。

内野手4人、外野手3人、キャッチャー2人で始まったキャンプもあり、サインプレーを確認するにしても人数が足りないことも。入団したばかりのルーキーが、先輩から教えてもらえず困惑するのも、2軍キャンプでは珍しくありません。

先ほどの話でもふれましたが、**スタッフの数もコンパクト**です。

当時の2軍キャンプにはバッティングピッチャーがいなかったため、コーチだったり、選手経験のあるスカウトが投げたり。それにも限界があるため、どうしてもマシン打撃が多くなってしまいます。

手伝ってくれるアルバイトの人数もコンパクトで、ボール拾いやグラウンド整備、1軍はアルバイトがやってくれますが、2軍では少ないアルバイトに選手も交じり、一緒にやっています。

メディアの数もコンパクト。

スワローズの場合、1軍は沖縄、2軍は宮崎でキャンプを行いますが、メディアが取り上げるのは当然1軍。宮崎県西都市の2軍キャンプに来るメディアはほとんどいないので、めちゃくちゃ寂しい。**見学に来るファンも少なく、ファンサービスしようにも、その機会がほぼありませんでした。**

宿泊するホテルもコンパクトです。1軍は立派なホテルで、ツインの部屋を1人で使えますが、2軍は普通のビジネスホテル。かなりコンパクトで、スーツケースを広げたら足の踏み場もないくらいです。食事もコンパクトというか、ごく普通のメニュー。1軍のホテルの食事は豪華で、高級牛肉の差し入れがドーンッと届くこともあるのですが、2軍はそういうこともほぼありません。

という具合に、**すべてコンパクト、かつ低コストなのが2軍のキャンプ**です。1軍と2軍で環境には大きな差がありますが、**キャンプで行う基本的な練習メニューはそんなに変わりません。**

そんな2軍キャンプですが、ベテラン選手には案外、居心地がよかったりもするようです。**自分の調整ペースがわかっているベテランは、メディアもファンも少ない2軍キャンプのほうが、やりやすい**。若い選手が特守、特打で汗まみれ、土まみれになっている横で、じっくり体を整えられます。今日はちょっと打ち込みたい、ノックを受けたいという場合も、自分で決めていました。

2軍の開幕戦にも派手なセレモニーはある？

プロ野球の開幕戦には華やかなセレモニーがつきものです。**音楽とレーザーによる演出があったり、アーティストのミニライブがあったり、監督がホバーバイクに乗って登場したり……**。**これはすべて1軍の開幕戦。**ホバーバイクで登場したのはファイターズの新庄剛志監督で、さすがのエンターテイナーぶりにお客さんも大よろこびだったそうです。

では、2軍の開幕戦はどうなのでしょうか。

レーザーを使った派手な演出、ありません。スタンドを盛り上げるライブ、もちろんありません。さすがに、いきなりプレイボールではなく、**最低限の式典的なものはあります。球場MCによる「みんな～開幕戦に集まってくれてありがとう～」から始まり、球団のマスコットが場を盛り上げて……以上、終わり。**

セレモニーの後、1軍の開幕戦では始球式が行われますが、これは2軍にもあります。ただ、**1軍の始球式に呼ばれるのは、今をときめく女優さんや、アイドル**だったりするのに対して、**2軍の始球式では、球団がお世話になっている会社のエライ人**だったりして、決して華やかとはいえませんが……。

始球式では**バッターが空振りするのがお約束**で、それにはビジターチームの1番バッターでなければいけません。開幕戦ではなかったものの、ぼくも始球式で打席に立ったことがありました。タイプ的に1番バッターをつとめることはなく、2軍の試合で初めての1番だったと思います。マウンドにいたのが誰かは覚えていませんが、**投げたボールを試合させながらに、ぼくはフッと見送ってしまって……**。

1番が初めてなら始球式も初めて。試合で対戦するような感覚でタイミングをとり「ボールや」と思って見逃したら、**味方ベンチから「おいおい、そこは空振りだろ！」**と、笑いの交じったブーイングが起こって、あ、やっちゃった、と。

空振りすればいいだけと思うかもしれませんが、始球式にも慣れが必要なのです、という余談でした。

開幕戦は、リーグ優勝、日本一を目指す戦いの第一歩であり、チームは団結し、優勝を目指してがんばろう、という熱気を選手間で共有できます、1軍なら。2軍はちょっと違い、**そもそも優勝を目指しているわけではなく、1軍で活躍できる選手を送り出すのが目的。**選手の置かれた状況もそれぞれ違うため、1軍のベンチのような一体感はないかもしれません。

みんな考えるのは、その日の試合でどれだけ活躍できるか、アピールできるか。チーム同士の戦いであると同時に、開幕戦はチーム内の戦いが始まる日でもあり、2軍のベンチには1軍とは違う緊張感があると思います。

2軍のスタメンは、誰がどうやって決めている?

1軍の目標はリーグ優勝、そして日本シリーズ制覇! そこに向かい、ベストと思える選手でスタメンを組みます。では、2軍の場合はどうでしょうか。ぼくは2つの球団で2軍を経験しましたが、**スタメンには大きく2つの考え方がある**と思います。**1つは「育成特化型」、もう1つは「結果がすべて型」**。

育成特化型は、言葉からイメージする通り、目先の勝ち負けではなく有望な若い選手の育成を目的にすること。この場合、球団の育成会議で「**この選手にこれだけの打席を与えて育てましょう」という、方針が決まっています。**その選手に関しては、結果がどうあれチームは辛抱強く見守り、スタメンで使い続けます。育成特化型のスタメンを組む場合、育成強化枠の選手が5、6人いて、ほかは状況に合わせて、となります。

もう1つの結果がすべて型のスタメンは、1軍のスタメン選びと考え方は基本的に同じです。**目の前の試合に勝つために、今、調子がいい選手中心のラインナップ**になります。

育成特化型のスタメンの場合、「指定強化枠の選手じゃないと1軍に上がるチャンスがないの？」と思うかもしれませんが、これは心配ありません。育成強化枠は、入団3年目くらいまでの選ばれた選手です。

ほかの選手は育成の基本となる時期は過ぎている、つまり、チーム内で「○○はこういう選手で、これくらいの貢献をしてくれる」と把握されています。**1軍の首脳陣が「こういう選手がほしい」となったとき、ピタッと当てはまる選手であれば、育成強化枠じゃなくても1軍に上がるチャンスは十分にあります。** 2軍でスタメンは少なくても、与えられた出場機会で調子を整えることに集中していればいいわけです。

ぼくは育成特化型、結果がすべて型、両方のチームを経験しています。どっちが良い悪いはないのですが、ぼくはフィジカルが弱かったので、育成特化型のチームで適度に休みながら、**たまにスタメンという立ち位置が最もコンディションを整えやすかった**気がします。もちろん、どっちのスタメン型でも常にベストは尽くしていました。

応援している選手が2軍にいて、スタメンで試合に出ていないと不安になるファンもいるでしょう。気持ちはわかりますが、スタメンが育成特化型で、その選手も定期的に出場機会を得ているなら、あまり心配する必要はないかもしれません。

結果がすべて型のスタメンの場合、考えることはシンプルです。目の前の試合で結果を出さなければ評価されないため、選手はそこに集中すればいい。こういう方針のチームで出場機会が少ない場合は、1軍昇格はちょっと遠いかもしれません。

2軍の移動は、1軍より近いからラク?

ビジターゲームでの移動について1軍と2軍を比べた場合、移動距離は圧倒的に1軍のほうが長くなります。特にパ・リーグの場合、北海道、福岡にチームがあるため、1年間で相当な距離を移動しているはずです。では、**移動に関しては2軍のほうがラクかというと、必ずしもそうとは言い切れません。**

ぼくが所属した2つの球団、ファイターズとスワローズの2軍は、どっちもイースタンリーグの所属でした。ホームはファイターズが千葉県鎌ケ谷市。スワローズが埼玉県戸田市。イースタンリーグのほかのチームは、埼玉西武ライオンズ(以下、ライオンズ)が埼玉県所沢市、マリーンズが埼玉県さいたま市、読売ジャイアンツ(以下、ジャイアンツ)が神奈川県川崎市、横浜DeNAベイスターズ(以下、ベイスターズ)が神奈川県横須賀市、東北楽天ゴールデンイーグルス(以下、ゴールデンイーグルス)が宮城県仙台市。ゴールデンイーグルスだけが離れていますが、ほかは関東近郊なので移動がラクに思えるでしょう。

ですが、**2軍の場合はバス移動で、1軍のようにグリーン車に乗るのも、移動休みでゆっくりするのもなし。**それに距離は近いのですが、例えばファイターズの2軍のホームである鎌ケ谷から、ライオンズの2軍のホームである所沢への移動は、道路がめちゃめちゃ渋滞します。**スムーズなら1時間ちょいでも、夕方、週末などは道路がとにかく渋滞して、片道2時間半というのも珍しくありません。**

試合で疲れ、渋滞で疲れ、しかも日帰りで次の日も試合があるわけですから、疲れが抜けるひまがない。あの渋滞は、本当にしんどかった。

ぼくは2年目から、自分のクルマで球場に行くようにしていました。しかも日帰りではなく、近くにビジネスホテルを取って宿泊することも。交通費も宿泊費も自腹とはいえ、腰に持病を抱えていたため、渋滞を避け、コンディションを整えるための投資です。

ゴールデンイーグルスのある宮城だけが泊りで、ここはちょっと安心できましたね。

真夏の2軍グラウンドは「60℃」あるって本当？

長いシーズンを戦っていると、体力的にしんどくなる時期があります。特に、最近は酷暑がニュースになるように、夏場は本当に大変です。**1軍、2軍関係なく、プロ野球選手**

は暑さに向き合わなくてはいけませんが、どっちがキツいかといえば、これは圧倒的に2軍。何度も1軍と2軍を行き来したぼくが言うのだから、間違いありません。

そもそも、1軍にはドーム球場がけっこうあり、空調がガッツリきいているので、夏でも快適な環境でプレーできます。**2軍にドーム球場は……はい、ありません。**それに、ここが肝心なところですが、**2軍の試合はデイゲームが基本**です。炎天下でのプロ野球の試合は、みなさんが想像するよりはるかに過酷だと、声を大にしたい！

ぼくの経験上、最も大変、いや大変という言葉では足りないほどヤバく、えらいことになるのが、炎天下の人工芝のグラウンドです。どれくらい暑いのか……**スパイクを履いてプレーしていると、足の裏が焼けるほど熱い。**それに、足の裏に熱を感じると、疲れがどんどんたまっていくため、夏バテにもなります。

試合前、人工芝の上に温度計を置いていましたが、「60℃」という数字が表示され、一瞬、チームメイトと目を合わせて、「！」となったこともあります。ヤバい暑さで、デイゲームの途中、熱中症で運ばれる選手を何人も見てきました。

1軍の場合、夏は練習時間の調整も行いますが、2軍はレベルアップ、課題克服の場であり、練習の強度は暑さに関係なく変わりません。練習中からバテバテですが、若いうちは量をこなさないといけないので、みんな必死です。

真夏の頃、2軍から1軍に上がった選手は驚くほど真っ黒に日焼けしていますが、焼けて当然。そういう選手を見かけたら、めちゃくちゃ応援してあげてください。

厳しい暑さを乗り切るには、ご飯をちゃんと食べられるかが重要です。**体重が1日で数kg減るのは当たり前で、とにかく食べて元に戻して、次の日に備えないと体力が持ちません。**中には、食べられなくて体調を崩す選手もいますが、ぼくはぜんぜん大丈夫でした。そこは強みでしたね。

夏場の2軍のデイゲームは、そんな感じで相当しんどいのですが、**1軍の球場の中で、いちばんキツかったのはライオンズのホーム、ベルーナドームの夏です。**ドーム球場ですが、半ドームのような構造で、風が抜けず、とにかく蒸し暑い。**入った瞬間から生ぬるい湿気が「もわぁぁぁ」とまとわりつき、ほぼサウナ状態。**あの暑さは尋常ではないし、全プロ野球選手に聞いても、真夏のベルーナドームの過酷さには賛同してもらえると思います。

フレッシュオールスターには出場資格がある？

2軍のオールスターゲームである「フレッシュオールスター」。出場した経験はありませんが、どんなイベントなのか、概略ならお話できると思います。

1軍のオールスターにはファン投票がありますが、フレッシュオールスターにそれはなく、出場選手は各球団の監督の推薦によって決まります。出場するのは、ドラフト上位の選手を中心に20代前半が多く、そろそろひと皮むけることを球団から期待されている選手。ぼくは出場していませんが、「今年はあるかもよ」と探りを入れられたことはあります。ただ、そのときどう思ったかというと、「それより休みたいが勝つ」が本音でした（笑）。

1軍も2軍も、オールスター戦が開催されるのは、開幕からの疲れがピークに達している時期でもあります。出場しない選手は、フレッシュオールスター期間中は休みになるので、**2軍の多くの選手は、フレッシュオールスターより「休みたい」が本音**だと思います。ぼくも休みたいクチで、結局、出場はなかったので、オールスター期間中は朝から釣りに行ったり、家でのんびりしたり、休みを満喫していました。

フレッシュオールスターで活躍した選手は、その後、1軍でブレイクするというジンクスもあり、**確かに歴代MVPには錚々たる名前が並びます。**ニュースでMVP選手のうれしそうな顔を見ると、休みたい反面、うらやましく感じる部分もありました。

どれくらいの成績だと2軍落ちを覚悟する？

11年間のプロ野球人生で、シーズンを通して1軍に在籍していたこともありますが、多くのシーズンは、1軍と2軍を行ったり来たりしている、いわゆる「1軍半」的な立ち位置の選手として過ごしました。1軍半的な選手には「そろそろヤバいなあ」「2軍行きの声がかかるかもなあ」と自覚するタイミングがあります。

判断基準で大きなウエートを占めるのは打率です。2割4分を切ると、2軍行きの通達がチラついてきます。ギリギリのところでスタメンに使ってもらうチャンスがあったものの、結果を出せず、打率が2割3分台に落ちるとぼくは覚悟していました。すると**試合後、マネージャーが申し訳なさそうに「なみ、ちょっといいかな。監督が呼んでるから」……。この時点でほぼ確定**です。後は監督室に行き、1軍にいた期間の評価を聞き、「ここが足りないから、もうちょっと下でがんばってきてくれるか」……。やっぱりね、です。

ただ、これはチーム状況にもよります。優勝を狙える位置にいるチームは、控え選手への要求も必然的に高くなります。**打率2割4分がボーダーラインでしたが、例外もあって、それは足、または守備で貢献できる選手。チャンスでの代走、勝ちゲームでの守備固めで計算できる選手は、打率が2割2分でも重宝されるため、1軍に残る可能性が高まります。**

足か守備で貢献できていないのに、低打率のまま1軍に残る選手がいる場合、チーム状況があまりよくないと判断できます。今いる選手を落として、2軍から上げたいと思える選手がいないわけですから。

7月31日が近づくと2軍の選手がソワソワするのはなぜ？

この日がどういう日なのか即答できる人は、相当なプロ野球通だと思います。

この日は球団がトレード、または育成選手の支配下登録で、戦力を補強できる最終期限だからです。2軍の選手は特に敏感で、7月に入り、中旬、下旬と過ぎていくに従い、ソワソワする選手が増えてきます。**トレードの打診があるかもしれないし、育成選手は支配下登録を勝ち取るための最終日**だからです。

7月中旬になって、2軍でそこそこの成績を残しているのに、上からお呼びがかからない。すると「あれ？」「おやおや」となります。そんな雰囲気を察するのか、まわりも「お前、今回は（トレードが）あるんじゃね？」と煽り出します。クラブハウスで編成の人を見かけただけで、「ほら来たよ」とまったく関係ないのにそんな話をしたり、「あの掃除のおばちゃん実は編成の人やで（笑）」とイジられたり。

特に要注意なのが、7月に入って1軍から2軍に落とされた選手。トレードは、1軍登録のままというケースはほぼなく、2軍に落としてからというのが多いからです。そういう選手はソワソワしながら7月31日まで過ごすことになります。

期限は7月31日ですが、その当日に伝えられることはほぼなく、遅くても前日まで。7月30日の時点で何もなければ、とりあえずひと安心です。

正直なところ、2軍でくすぶっているなら、トレードしてもらって、新しい環境でチャレンジしたいという思いもあります。その一方で、環境がガラッと変わることに対する不安もあります。新しいチャレンジもしたい、だけど、対応できるのか不安。その間での葛藤がピークに達するのが7月30日。自分であれこれ考えたり、記者に探りを入れたりしながら過ごしますが、あまり心臓にいいものではありません。

優勝のビールかけ、2軍選手も参加してよい？

長いシーズンを戦い、1軍がリーグ優勝を果たしたとします。その日のスポーツニュースでは、祝勝会とビールかけの映像が定番です。ぼくは11年間のプロ野球人生で、ファイターズ、スワローズで4回のリーグ優勝を経験しました。ビールかけにも参加しましたが、その回数は2回。これだと計算が合いませんね（笑）。

あのビールかけ、**実は参加できる選手が決まっています。優勝した時点で1軍登録されていれば、無条件で参加。ずっと1軍で活躍していたものの、故障などで2軍に落ちていた選手も、基本的に参加できます。**問題は、ぼくのような立ち位置の選手。1軍登録されていれば参加できますが、**1軍と2軍を行き来して、優勝の時点で2軍にいたら参加はなし。**4回の優勝のうち、2回は2軍にいたため参加できなかったのです。

ビールかけは、みんなテンションが上がっているので、めちゃくちゃ楽しい。1年の苦労が報われた瞬間でもあり、限られた選手だけの特権でもあるため、普段はおとなしい選手も、ここぞとばかりにはしゃいでいますね。

時間にすると1時間くらい。**最初はめちゃくちゃ楽しいのですが、しばらくすると「寒い」が勝ちます。**

ビールかけの後は場所を変えて祝勝会となり、テレビには映りませんが、みんなガンガン飲みます。**ただ、中には楽しめない人たちもいます。それは次の日のスタメン。**時間が遅くなると、次の日の試合が気になって、飲んでも酔えなくなります。

ファイターズで優勝したとき、祝勝会の場で次の日のスタメン発表があり、そこにはぼくの名前もしっかり入っていました。レギュラーは基本的にお休みなので、なんとなく予想はしてましたが、そこから先は翌日の試合が気になってしまって……。

スワローズのときは、次の日に移動してそのまま試合というハードスケジュールで、スタメンではなく、ホッとした覚えがあります。代打で出場して、終盤に同点タイムリーを打ち、最終的には逆転勝ち。ただ、ぼくの同点タイムリーで試合が長引いたところもあり、チームメイトの反応はやや微妙でしたね（笑）。

とはいえ、**優勝のビールかけは、プロ野球選手なら誰でも1度は経験したいと思う瞬間**でしょう。**それを2回も経験できたのですから、ぼくは幸運だった**と思います。

Another Angle 2

2軍リーグに2チームが新規参入。選手にはメリットしかない!?

プロ野球の2軍のリーグ戦に、2024年度から新たに2チームが参加することになっています。イースタンリーグに参加するのは、新潟アルビレックス・ベースボール・クラブ（以下、アルビレックス）。ウェスタンリーグに参加するのは、静岡市が本拠地のハヤテ223《フジサン》。この2チームは、ほかの12球団の2軍チームと違って、1軍がない2軍専門チームであるところが大きな特徴になります。

「1軍に昇格できない2軍チームって意味があるの?」。そう思う方もいると思いますが、元プロ野球選手のぼくからすればめちゃくちゃ意味があると思います!

例えば、アルビレックス。独立リーグに所属していましたが、2軍のリーグ戦に参加することで、プロ野球関係者の目にとまる機会がめちゃくちゃ増えます。独立リーグで好成績のバッターでも、相手ピッチャーのレベルもあってあまり注目されませんでした。でも、プロの2軍相手でもガンガン打つなら話は別! また、この2チームには、プロ野球で戦力外通告を受けた選手がかなり入団しています。そういう選手の再チャレンジの場としても意義は大きいでしょう。

この2チームの選手が目指すのは、プロ野球のドラフトで指名されること。たとえ1軍はなくても、モチベーション高く野球に向き合えるし、ドラフト候補が増えるのはプロ側も歓迎のはず。いろんな意味でメリットが大きいと思います。

4th Inning

なみさん、
プロ野球がさらに楽しくなる
ツウな観戦ポイント、
選手目線でいけますか？

4th Inning

「……いけると思います」

友人とプロ野球の試合を観戦していると、見方、感じ方にけっこうな違いがあることに気づきました。プロの現場のセオリーと世間が抱いている常識、解釈の間にはギャップが多々あるようです。試合を見るときの楽しみが増えるかもしれない選手目線の観戦ポイント、まとめていきましょう。

試合中に選手が見せるプレーで、ダントツに難しいのは何？

スタンド上段までかっ飛ばす超特大のホームランや、超人技としか思えないファインプレー。プロ野球観戦の醍醐味は、こうしたプロならではのプレーを目の当たりにするところにある！　そう思っている方は多いでしょう。当然、それは正解！　派手なプレーは、ぼくが見ても「すげぇ〜」となりますから。

でも、プロ野球選手が試合で見せるプレーの中で「難易度の高いプレーは？」とたずねられたとき、ぼくの頭には別のシーンが浮かびます。**決して派手ではなく、どちらかという**

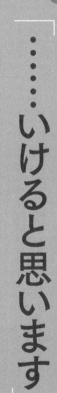

と地味、出来て当たり前と思われるプレーが、実は本当に難しかったりする……。では、どんなプレーが難しいのか? 守備と攻撃、2つのケースを挙げてみましょう。**全国のプロ野球選手のほとんどが、「今浪、わかってるな」と賛同してくれるんじゃないかと思います、たぶん(笑)。**

1つ目は「3―6―1」のダブルプレー。ランナーは1塁にいて、バッターが1、2塁間のゴロを打ったとき、ファーストが捕球してショートへ。ショートは1塁のベースカバーに入るピッチャーへ送球し、完成するダブルプレーです。

これ、見ているみなさんは「そんなに難しいの?」と思うはずです。でも**よ〜く見ていると、意外にファーストでバッターランナーをアウトにできないケースが多いと気づくはずです。**1塁ランナーをセカンドでアウトにしていれば、アウトカウントは1つ増えているわけで、失敗の印象は強くない。確かにそうなのですが、このダブルプレー、そもそも成功率が高くありません。**守っている側からすると、かなり難しい……。**

何がそんなにって、それはタイミングです。ゴロを捕球したファーストが、セカンドベースに入る**ショートへ送球するタイミングと、ショートが、1塁のベースカバーに入るピッチャーに送球するタイミング。この2つが揃わないと、「3―6―1」のダブルプレーは完成しません。**

特に難しいのがショートからピッチャーへの送球。全速力で1塁のカバーに向かうピッチャーが、捕球して、さらにベースを踏みやすいタイミングで送球するよう、微妙な調整をしなければいけません。**早過ぎても遅すぎてもダメ。**ピッチャーの足の速さも考慮しながら、正確に速く、強く送球するのは想像以上に難易度が高いのです。

もう1つの難しいプレーは「ランナー1、2塁での送りバント」。これ、群を抜いて難しいプレーです。3塁はタッチのいらないフォースプレーですから、バッターにはめちゃくちゃプレッシャーがかかります。スクイズのほうが緊張しそうに感じるかもしれませんが、あれは転がせばいい。ヒットエンドランはバットに当てればいい。そっちのほうが、よっぽど気はラクです。

それに、送りバントは「成功して当然だろ」と、みなさん思っているはずです。**失敗すると、スタンドから「はぁぁぁぁ」とため息がもれ、バッターは余計に力が入ります。**

「ランナー1、2塁での送りバント」の場合、「3塁手に捕らせる」がセオリーとして定着しているでしょう。ただ、3塁側にダッシュしてくるピッチャーが捕れないようにするには、完璧なコントロールと力加減が必要になります。

今のセオリーは変わっていて「**守備力が落ちる選手に捕らせる**」です。バントに関係するポジションだと、サード、ファースト、ピッチャー、キャッチャーがいますが、この中で守備力が落ちると考えられるのは？　一般的にはピッチャー、そしてファーストですよね。**絶対に3塁側に転がす、ではなく、ピッチャーとキャッチャーの中間あたりにバントしてもいい**ことになっています。ただ、微妙な力加減が必要なのは変わりませんが。

このケースをさらにややこしくさせるのは、3塁がフォースプレーなので、2塁ランナーはとにかく早くスタートしたいこと。ストライクと思ってスタートしたら、バッターが見逃し。慌てて2塁に戻ろうとするものの、キャッチャーからの送球でアウト、というケースもあります。また、バッターが完璧なバントを決めても、ランナーのスタートが遅れれば3塁でアウトかもしれません。とにかく難しい。究極のプレッシャー。

このケース、現場の感覚では「決めて当たり前」ではなく、バッターは相当神経をすり減らしています。サインが出た途端、顔色が変わる選手もいますから。もし、ランナー1、2塁での送りバントのシーンに出くわしたら、失敗してもため息をつかず、選手を応援してあげてください。

プロ野球の作戦は、やっぱりアマより複雑？

アマチュア野球には、膝元のスライダーを捨てる、変化球を逆方向狙い、粘って球数を増やすなど、チームで徹底する作戦があります。

プロ野球にも作戦はありますが、アマチュアほどの徹底は求められないかもしれません。球数について、**アマチュアが「徹底して粘れ」なら、プロは「出来たら多く投げさせよう」くらいのニュアンス**だと思います。

ぼくの経験だと、相手ピッチャーがリーグを代表するような絶対的存在の場合、「**とにかく前へ飛ばそう」がチームの作戦**として示されることがありました。こういうピッチャーの場合、ストライクが先行するとバッターはほぼノーチャンスになってしまいます。追い込まれるまでが勝負なので、空振りやファールではなく、がんばって前に飛ばす。ピッチャー有利のカウントになる前に、**バッターから仕掛けていこう、という作戦**です。試合で相手が絶対的なピッチャーで、どのバッターも積極的に振っていってるなら、こういう作戦がゲーム前に示されていると思います。

たまに、**首脳陣から「とにかくがんばれ」**と言われたこともあります。絶対的ピッチャーが完璧なピッチングをしているときは、正直、打つ手なし。1人1人ががんばってくれという意味ですが、こうなると作戦とは言えませんね（笑）。

プロ野球のサインって何種類くらいある？

友人から「プロ野球より高校野球のほうがサインの種類は多く感じる」と言われたことがあります。なんでそう思われるのかというと、プロ野球中継の場合、サインを出しているシーンは基本的にカメラには映りません。**バレないようにという配慮**なのでしょうが、あまり目にしないから「プロは少ない」となるのかもしれないですね。実際はプロ野球もサインは多く、パッと数えただけでも、**攻撃、守備のサインが35個くらい思い浮かびます。**

これは毎年変わり、キャンプでのサインミーティングで、そのシーズンのサインを決めていきます。内野守備に関するものなら、牽制のサイン、ダブルプレー狙いの守備位置、前進守備の位置などが決まっていて、**試合ではバッテリーコーチからキャッチャーに伝えられ、キャッチャーが選手たちに伝えていきます。**攻撃のサインは3塁コーチから。アマでは監督が出しますが、**プロ野球は監督から3塁コーチへ、そこからバッターやランナーへ、となります。**

なぜ、3塁コーチがサインを出すのか。ここに疑問を感じる方もいるようです。プロでやっていて、特に意識したことはありませんでしたが、確かに、そもそも作戦を考えるのはベンチの監督、ヘッドコーチなのだから、そこからサインを出せばいいのに、と思っても不思議はない。

これについて深く考えたことはありませんが、想像すると、**プロ野球の監督は考えることが多いから、**かもしれません。アマチュアの場合、基本は短期決戦で、スタメンはほぼ固定、ピッチャーも登板させる順番はほぼ決まっています。プロの場合、シーズンが14３試合と長く、疲労を考慮してピッチャーの起用を考えなければいけないし、点差が開いたら主力をどう温存させるかも考えます。

作戦は考えても、それを選手に伝えるのは３塁コーチにやってもらったほうが、監督の負担は減るでしょう。

ベンチがテレビカメラに抜かれると、監督は隅っこの見えにくいところにいることが多いと思います。**あれは死角に身を置いて、３塁コーチにサインを出すため**です。相手から見えないところからごく簡単なサインを出して、それを受けた３塁コーチが複雑なサインに変換して選手に伝えています。死角に身を置くということは、選手からも見えないところにいるため、どうしても３塁コーチを間に挟むことになるわけです。

それなら１塁コーチが……と思うかもしれませんが、１塁コーチはバッターからレガースやアームガード、手袋を受け取るため、その状態でサインを受け、伝えるのはなかなか面倒なんじゃないかと。やはり、３塁コーチが適任なのだと思います。

3塁ランナーへ出されるサインとは?

では、実際にどんなサインが出されるのか。状況を限定してみていきましょう。例えばノーアウト、またはワンアウトでランナーが3塁の場合、ランナーにはどんなサインが出されるのか。これはどの球団も似たような感じだと思いますが、ぼくが把握しているサインは合計4つあります。

・ゴロGO

これは簡単。**バッターがゴロを打ったら、とにかくホームベースに向かって走れというサイン**です。

・抜けてからGO

ゴロGOから派生したサインで、**打球が前進守備の内野の間を抜けたらホームに向かって走れ**というものです。

・打球判断

これはちょっとややこしいです。ランナー3塁、もしくは1、3塁のケースで、ショート、セカンドは定位置、または、ダブルプレー隊形、サード、ファーストは前進隊形の場合、**ランナーには打球判断のサインが出されます。** セカンドゴロ、ショートゴロならホームに向かってGO。サードゴロ、ファーストゴロ、ピッチャーゴロならストップ。3遊間と1・2塁間のゴロは、打球の方向と勢いで判断しなければいけません。ランナーにとって難易度が高く、ある程度の経験がないと無謀な突っ込みでアウトになったり、1点取れたのにスタートできなかったり、ということもあります。

・ギャンブルスタート

これはちょっと特殊で、**ピッチャーが投げたボールがバットに当たると判断できたら、思い切ってスタートします。** 前進守備で、1点欲しいときに出るサインですが、どんな打球が飛んでもランナーはホームベースを目指します。

入団した頃、このケースでは「バッターはゴロを打たなくちゃいけない」となっていました。今はその決まりはなく、**バッターは普通に打ちにいきます。** もし空振りした場合、ランナーはがんばって帰塁します。

ノーアウト、またはワンアウトでランナー3塁の場合、ランナーがどんな動きをしているかに注目すると、4つのサインのうちどれが出ていたのか、わかるかもしれませんね。

プロのバッターは、本当にピッチャーのクセを見抜いている？

友人と高校野球などアマチュアの試合を見ていて、ぼくが「次はストレート」「次はスライダー」など、ピッチャーが投げる球種を予測すると、けっこう当たります。「どうしてわかるの？」と、友人は驚きますが、これは職業病のようなもの。現役時代から、ピッチャーのクセで球種を予測するのがぼくの習慣になっていて、今は野球観戦の楽しみにもなっています。

ピッチャーのクセってそんなにあるのか、と思うかもしれませんが、これ、めちゃくちゃあります。特にアマチュアの場合はかなりの確率でわかります。プロ野球はちょっと状況が変わりますが、それでも、バッターはピッチャーにクセがないか、ジ――――ッと見ているもの。もしストレートだとわかれば、イチ、ニ、サンッのタイミングで振っていけるし、フォークボールだとわかれば見逃せます。

ただ、**余裕で見逃すと「あれ、球種がバレてるのか？」とバッテリーに疑われてしまう**ので、手を出しそうになったけれどギリギリのところで見逃した。「お～あぶねぇ～」という小芝居を入れたりもします。**ここはプロならではの駆け引き**です。

入団したばかりの若いピッチャーには、程度の差はあってもクセがあるもの。キャンプ中に矯正しますが、本人は意識しないところでクセが顔をのぞかせることもあります。**好投していたピッチャーが、急に連打された場合、最初に疑うのがクセで、ベンチに戻ってから「なんかありますか?」と、話していることも珍しくありません。**

1軍で実績を残しているピッチャーの場合、クセはほとんど矯正されていますが、ゼロではない。**ピンチになるとグッと集中するため、無意識に、クセがひょっこり出てくることもあります。**その場合、バッターは内心「よしよし」です。ただ、クセを見抜いたとしても100%読みが当たるわけではなく、70%当たれば十分。それだけわかれば、かなりバッターはラクになります。

プロ野球の試合を見ていると、**バッターボックスに入って構えたバッターが、「ちょっとタイミングが合わないな」みたいな顔でタイムを要求すること、ありますよね。あれ、クセを見ていることが多いです。**クセがあるのがわかっているピッチャーで、「今のはどっちなんだ」と悩む場合、**タイムをかけて打席を外し、もう一度最初からやってもらうわけです。**姑息に感じるかもしれませんが、これも駆け引きの1つだとぼくは思います。

カウント「0-2」から、どうして1球、大きく外す？

アマチュア、特に高校野球でよく見られる光景に、「0－2、ノーボール・ツーストライクのカウントから1球外す」があります。キャッチャーは外に大きく外れたところに構え、バッターは何もせず見逃す。カウントは「1－2、ワンボール・ツーストライク」になって、そこから仕切りなおす、という状況です。これ、意味があるのでしょうか。

ぶっちゃけ、意味がないと、ぼくは思います。

野球はカウントゲームであり、0－0から3－2まで12通りの組み合わせがあります。ピッチャーとバッター、それぞれに有利な組み合わせがあり、自分有利な状況に持っていけるかが、結果を出すためには重要になります。

ピッチャーは、見逃しでも空振りでもファールでも、どんな形でもいいのでファーストストライクを取りたい。**ストライクが先行すればピッチャーが打ち取る確率は上がり、ボールが先行するとバッターの打率が高まると、明確な傾向が示されています。**1球ごとにピッチャーとバッターの間では駆け引きが行われ、「今、あのピッチャー（またはバッター）がどんな心理か」を予想すると、野球の見方が広がるはずです。

もし、ぼくがバッターボックスにいて、カウント0－2になったら「やべぇ」。そこで相

手バッテリーが1球外してくれたら「ありがとう～ラッキー」です。0－2は、12の組み合わせの中で、最もピッチャー有利なカウントであり、1球外してもらえれば、バッターはとてもラクになるもの。**実際、0－2から1球外して1－2になると、バッターの打率は2分上がるといわれています。それが2－2になったら4分上がり、有利な立場にいたはずのピッチャーが、心理的に追い込まれていく**のです。

では、なぜ0－2のカウントから1球外すのが当たり前のように行われるのでしょうか。あくまでもぼくの想像ですが、昔、ストレートのほかはカーブ、スライダーなど曲がり系の変化球しかなかった頃の話です。2ストライクになるとバッターはストライクゾーンを広げて待ち、ヒットエンドランのように、とにかくバットに当てようとします。

曲がり系の変化球、当てるだけならプロのバッターは対応できるでしょう。バットにあたれば、打球の方向によってはヒットになることもあります。そこで生まれるのが「もったいない」。0－2と追い込んだのに「なんで打たれてるんだ！　もったいない！」。そんなふうに監督や指導者から怒られたキャッチャーが、同じことが起きたらまた怒られてしまうと思い、「0－2から1球外す」という習慣が定着した。どうでしょうか。

昔と違い、今はストレートの球速が上がっているし、変化球の種類も増え、フォークボール全盛期です。そんな時代に「0－2から1球外す」のは、ぼくからすると、それこそ「もったいない」。前述したように、0－2から1－2になると打率は2分、2－2になったら4分上がるといわれているのですから。打率が4分上がったら、バッターの年俸はどれだけ上がるのか。それくらいインパクトが大きな数字です。

フォークボール全盛期の今、遊び玉は必要ない。0－2に追い込んだら、キャッチャーは真ん中に構え、フォークボールを投げればいいと思います。0－2になったらバッターはストライクゾーンを広げ、どんな球でも当てにいくと言いました。その状態でフォークボールをストンッと落とされたら、バッターはかなりきつい。三振が増えるでしょうし、ピッチャーの球数も少なくなっていくはずです。今は高校生でもフォークボールを投げるピッチャーが珍しくない時代ですから、アマチュア野球でも「0－2からは3球勝負」でいいのではないでしょうか。それで打たれたら仕方ありません。攻め方は間違ってない、バターのほうが上だったと頭を切り替えればいいのです。

最近の**メジャーリーグを見ていると、0－2から、キャッチャーは高めのストレートを要求するケースが目立ちます。**「フライボール革命」という言葉、聞いたことがある人もいるでしょう。フライを打ち上げたほうがヒットの確率が上がる、という考えが背景にあり、スイングはアッパー気味になります。このスイング、低めには強いけれど高めに脆さがあります。高めに威力のあるストレートを投げれば空振りが取りやすい。バッテリー視点だとそうなり、この攻め方がトレンドになっているようです。日本の野球も古いセオリーは捨てて、どんどん3球勝負していくべきだと思います。

余談ですが、0－2から、ピッチャーがコーナーギリギリのエグイところに投げた球が「ボール」と判定されること、ありますよね。**ピッチャーが「え〜、厳しすぎや」という顔をしている場合、実は「ストライク」の可能性、けっこうあるはずです。**なぜ「ボール」判定されるかというと、**審判の頭に「0－2からは1球外す」というセオリーが刷り込まれているから。**まあ、これはぼくの想像で、**信じるも信じないもあなた次第**ですが、ピッチャーの多くは「わかる、わかる」かもしれません。

どうしてシュート回転のボールは「良くない」と言われるのか？

野球の試合をテレビで見ていると、解説者がこう話すこと、ありますよね。見る人の頭にもけっこう強く刷り込まれているようで、ピッチャーの中には「ボールがシュート回転するんですが、どうしたらいいでしょうか」と悩む人もいます。そういう人に対して、ぼくはだいたいこう答えます、「何がいけないの？」。**ボールがシュート回転するのは、決してダメではありません。正確には、ダメなケースと、良いケースと両方ある**のです。

ダメなのは、ストレートが抜けてシュート回転するケース。これは、**いわゆる「ボールが指にかかっていない状態」**になります。抜けたボールはどうなるか？　力のないボールが高めに行き、バッターにとっては打ちごろになるため、長打を食らってしまう可能性が高まります。**シュート回転をするからダメなのではなく、抜けることがダメ**なのです。

ちなみに、**シュート回転と反対のカット回転を「良くない」と語ることはほとんどありません。**理由は**カット回転は、シュート回転とは逆に「指にかかりすぎている状態」であり、かかったボールは低めに行きます。**痛打を食らうケースは少ないため、ネガティブには語られないのでしょう。

ストレートがシュート回転するピッチャーは多いですが、**シュート回転を自分で操れるなら、これは武器になります。**今は落ちるボールが全盛で、バッターの胸元、ひざ元に食い込むシュートを投げるピッチャーはあまりいません。ボールがシュート回転する場合、それが武器になるよう磨き上げる。そう意識してみればいいのではないでしょうか。

打席の中で「ボールが止まって見えた」ってマジ？

「ボールが止まって見えた」「ボールの縫い目まで見えた」、この経験は両方ともあります。

『スポーツメンタルTV』でも進行役の友人に「ウソはあかん！」「このチャンネル終った……」といろいろ言われましたが、本当にあります（笑）。

ただ、いつもではなく条件があって、それはすこぶる調子がいいとき。**いわゆるゾーンに入っている状態で、そんなときはけっこうな頻度で起こります。**感覚なので伝えにくいのですが、ピッチャーがボールをリリースしたところから、空間がゆっくり動くようなイメージです。**野球漫画で、コマをいくつか使いながら、「ここでククッと曲がるか！」「なにぃぃぃぃ！」と、バッターの目線で細かく描写する演出がありますが、あの感覚！**自分がもう1人いて、バッターボックスの自分を操っているような感じです。

ぼくの場合、ボールが止まって見えるというより、**インパクトの瞬間、ボールとバットがコンタクトした瞬間がはっきり見えました。縫い目も見える。**漫画のように、ボールがぐにゃっと変形してなくても、調子がいいと本当に見えます。

最初に感じたのは高校2年生の時でした。甲子園の1回戦。第1打席でぼくはセンター前にヒットを打っています。はっきり覚えていますが、ピッチャーが投げたのはスライダーで、振ったバットにボールが当たる瞬間がはっきり見え、次の瞬間、打球は2遊間を抜けてセンター前へ。不思議な感覚で1塁ベースをまわったところで、「ワァーーーッ」という大きな歓声が耳に入ってきます。音も無意識のうちにシャットアウトするほど、完全集中でゾーンに入っていたのでしょう。

高校ではその1回で、後はプロに入ってから。調子が良く、何も考えなくても体が自然に動き、ゾーンに入ってると感じることが何回かありました。**意識してできるものではなく、いつも突然やってきます。**ただ、ここが肝心なところですが、ゾーンに入って、インパクトの瞬間が止まって見えても、必ず良い結果になるとは限りません。すべて良い当たりが出来るわけではありません。打ち損じもあります。また、良い当たりをしても、野手の正面に打球が飛べばアウトですから。

この感覚、ほかにも話している選手がたくさんいました。**プロなら、感じ方は違っても多くが体験しているの**でしょう。観戦していて、バットを振ればヒットになるという感じの選手がいたら、たぶん、その選手は止まって見えています。

「振ったら真後ろにファール＝タイミングが合ってる」は本当？

ぼくの感覚だと、タイミングが合っていることもあるし、合っていないこともあります。

ケースを分けて説明すると、**タイミングが合っているときは、ピッチャーのボールが真ん中付近に甘く入っているはずです。**「よっしゃ！」と、思って振ったものの、打ち損じて真後ろにファールが飛んだとします。バッターは、甘いボールにタイミングがドンピシャだったとわかっているため、**ファールを打った後で「よし、合ってるぞ」なんて誰も思いません。それより「くっそ〜、仕留めそこなった〜」、悔しさが残ります。**

もう1つ、タイミングが合っていないのに真後ろに飛ぶケースは、ピッチャーのボールがインコースの厳しいところに来て、そのまま打っても詰まったゴロか、フライになる確率が高いケース。**そんなとき、プロはヘッドを少し遅らせてファールで逃げるのですが、ボールはほぼ真後ろに飛んでいきます。**

観戦しながら、「今のはタイミングが合っていた」「今のは差し込まれてファールで逃げた」がわかれば、ドヤ顔できませんかね？

打たれたらキャッチャーとピッチャーどちらのせい？

ピンチでタイムリーヒットを打たれたり、終盤に逆転ホームランを打たれたりすると、キャッチャーの配球についてあれこれ言われることがあります。「このカウントで、あのボールを要求するのはどうなのか」など。サインを出し、リードするのはキャッチャーなので、そこに責任が生まれるのかもしれませんが、ぼくの考えはちょっと違って、**打たれ**

た場合、ほとんどの責任はピッチャーにある。そう思います。

キャッチャーはリードするため、事前に、相手チームのバッターの情報をインプットしています。得意なコース、苦手なコース、カウント別の成績など、いろんな要素をふまえてサインを出します。それに、試合中はリアルタイムの情報を含めた指示が、ベンチからキャッチャーに伝えられます。

そうしたデータをもとに、キャッチャーはバッターが苦手なコース、球種を中心にリードするため、**ピッチャーが要求通りのボールをちゃんと投げられれば、そう簡単には打たれません。**それでも打たれるのは、キャッチャーの構えからずれたり、コースは良くても変化球のキレがイマイチだったりするから。これ、ピッチャーのせいですよね？

ただ、「キャッチャーのせい」となるケースもあります。それは、バッターの裏をかいたつもりで、痛打されたとき。配球はバッターの苦手なコース、球種を中心に組み立てるのが基本で、外のスライダーが苦手なら、外のスライダーを中心に攻めます。**何球か続けると「相手もわかってるから、そろそろ裏をついたほうがいいかな」と、キャッチャーが考えすぎてインコースのストレートを要求する。それを打たれたら、キャッチャーのせいとなっても仕方ない**でしょう。

バッター目線だと、苦手なところを続けて攻められるのはめちゃくちゃ嫌なもの。苦手意識があるから気持ちよくスイングできないし、ファールにするのがやっと。そんなとき、フッとインコースにストレートが来たら、ぼくなら「よっしゃぁぁぁ！」となります。凡退するかもしれない。でも、苦手なところを攻められ、自分のスイングができずに終わるよりも、思い切って振って終わったほうが、後には引かないものです。

プロ野球選手が登録抹消されるときの「違和感」って、いったい何？

テレビや球場で見るプロ野球選手は、体が大きく厚く、動きは俊敏で、いたって健康体に見えると思います。ただ、**ぼくの経験上、体のどこにも痛み、トラブルを抱えていない選手は、ほぼいません。**みんなどこかしらに問題があり、サポーターやテーピングなどでごまかしながら、長いシーズンをプレーしています。

ある選手が「**腰の違和感で登録抹消」などのニュースを見ると、ぼくらは「やっちまったか」ですが、世間の反応は違い、「違和感くらい誰にでもあるのでは？」と、感じる人もいるようです。**違和感という表現は、確かにわかりにくい。以前はもう少し具体的に、右ひじの痛み、太ももの肉離れなどと報道されていたと思いますが、いつの間にか、具体的な症状ではなく違和感など、ぼんやりした表現で伝えられるようになってきました。

理由を考えると、詳細な情報を他球団に知られたくない、のかもしれません。そのため、球団が「違和感で登録抹消」と発表するわけです。

では、プロ野球選手の違和感、実際に体はどんな状態なのでしょうか。これは選手によっても違い、ぼくのように1軍半的な立ち位置の選手の場合、**ちょっとくらい痛くても休みません。**次のチャンスをいつもらえるのかわからないから、多少無理をしてでもやる。**いよいよプレーできなくなると違和感で登録抹消**になりますが、これはガチの故障です。

レギュラークラスの場合、無理して長期離脱になるとチームが困るので、ちょっと痛い程度の違和感でも登録抹消となることがあります。この場合、**抹消期間の10日を過ぎるとまた1軍に合流する**ので「軽い痛みだったんだな」と想像すればいいでしょう。

違和感には肩のハリ、腰のハリ、太もものハリなどもあります。プロ野球選手がハリで登録抹消される場合、**もうピンピンに張っていて、針でチョンと突いたら、ぶっち～んと破裂する**ような状態。肉離れ一歩手前で、みなさんがゴルフなど、ちょっと運動した次の日に感じるハリとは、次元が違うこともお伝えしたいですね（笑）。

休む勇気があれば短期間で復帰できるのですが、1軍半のような立ち位置だと、なかなかそれができないもの。違和感で登録抹消する選手のニュースがあったら、「今浪がこんな話をしてたな」と、思い出してください。

なみさんのQ&A Knock

ユーチューブチャンネルに寄せられた視聴者からの質問を
できるだけ「Yes or No」でコンパクトに打ち返します!
プロ野球観戦の素朴な疑問について、いきましょう。

7 際どい判定の「リクエスト」。選手はどっちかわかっている?

これは「わかっています」。どうするか、ベンチから選手に向かって確認するシーンもありますが、選手がリクエストを求めた場合は、アウトかセーフか、確信していると思って間違いないでしょう。これは攻撃している側でも、守っている側でも同じです。

8 ペナントレースのゲーム差は、選手のやる気に影響するもの?

これは「あります」。オールスターゲームの頃までは気にしていませんが、シーズンも後半戦に入ったところで、CSの出場が現実的にはほぼ無理となった場合、やはりチームのモチベーションは下がる。ただ、個人成績は年俸に直結するため、そこはみんな必死です。

9 暑い日、スタンドでお客さんが生ビールを飲んでいたら気になる?

「なりません（笑）」。というか、ほとんど目に入ってません。球場によっては、グラウンドとめっちゃ近いシートもあります。フライがそこに飛んだら、「あざーす」と何かごちそうになったろかと思うこともありましたが、その機会は残念ながらありませんでした。

10 「○○と心中」的な使われ方の選手をまわりはどう思っているの?

これは「どうも思っていない」です。その選手が不調の場合に使われる言葉ですが、そもそも実績があるのはもちろん、人望もあり、チーム内で慕われている選手である場合がほとんど。チームの要でもあるわけですから、反対する声はまずないですね。

11 プロ野球選手は、高校生のようにプレーを純粋に楽しんでいるの?

答えにくいのですが「楽しめないことも多いかも」です。野球に限らず、好きなことを仕事にすると、数字を意識するし、義務感も生まれるし、学生のようにはなかなか。試合のなかでの達成感はもちろんあり、「楽しみ方が変わる」が正解かもしれません。

12 プロ野球選手のユニフォームって自分で管理しているの?

自分で管理、球団が管理の「どっちもあります」。たまに、ユニフォームを忘れて、別の選手のユニフォームを借りるケースもありますが、あれは自分で管理しているから。球団管理の場合、選手は用意されたものを着るので、トラブルはほぼ起こりません。

5th Inning

なみさん、「なるほど!」と納得できるプロ野球観戦のツボと心得、広い視野でいけますか?

5th Inning

「いっちゃいましょう！」

学生野球と違い、プロ野球のペナントレースは長丁場です。チーム成績にも個人成績にも波がありますが、浮き沈みの背景には何があるのか。ちょっと引いた目線、かつ、いろんな角度から見ると、「そうなのか」と納得することもあります。前章より間口を広げ、プロ野球観戦のヒントとドヤ顔できる知識について、いきましょう。

プロ同士の戦いなのに、どうして泥沼連敗が起こる？

「○○　泥沼の13連敗」。プロ野球のシーズン中、こんな大見出しがスポーツ新聞にデカデカと載ることがあります。日本のプロ野球の最長連敗記録は18連敗だそうですが、ぼくもスワローズ時代、2桁の連敗を経験したことがあります。戦力差があったとしても、**プロ同士が戦うリーグ戦で、特定のチームだけが負け続けるのは異常事態。**どうしてこんなことになるのか。選手は何を考えてプレーしているのか。経験者目線でひも解いてみます。

チーム内の空気が少し変わるのが同一カードで3連敗したとき。試合後のロッカールームはどよ〜んとした雰囲気になるものの、この段階ではへこむというよりも悔しい、が先に立ちます。次のカードの初戦を勝てば問題はなし。

そこで負けて4連敗になると空気はさらに重くなりますが、一方で「これくらいの連敗は珍しくない。明日はきっと勝てる」と、ショックを受けながら、思考は出来るだけよい方向に。首脳陣も選手も、ポジティブシンキングで気持ちを切り替えようとするはずです。

その先の、**泥沼連敗にハマってしまうかどうかの節目は、連敗が始まって5、6、7試合目あたりにやってきます。というのも、先発ローテーション関係で、チームのエースピッチャーの登板日がやってくるから**です。

チームの雰囲気が悪くても、エースが先発する日は「今日は大丈夫だろう」「今日こそ連敗を止めようぜ」と、チームの士気は自然に上がるものです。**それなのに負けてしまうと、これはかなりヤバイ**です。ベンチでもロッカールームでも笑っている選手が減ってい き、**逆に自分を責める選手が増えてきます。**「あそこでオレが打っていれば」「あそこでオレが抑えていれば」、思考が内向きになって、ドーンと重苦しい雰囲気になります。

10連敗が見えてくると、もう坂道を転げ落ちるような感覚で、何をやってもうまくいかなくなります。ピッチャーも野手も全員が責任を感じて「オレがなんとかしなくては……」となりますが、**普通の精神状態ではないため、どうしても力んでしまい、思うようにプレー**

できなくなります。それが焦りを生み、さらに力んで……という負のスパイラルが生まれると、いよいよ「泥沼」という表現がぴったりのチーム状態になります。

光明が見えかけたときに負けるとさらに厳しくなります。例えば、先発ピッチャーが踏ん張り、中継ぎ陣も自分の仕事をして、リードしたままクローザーへバトンタッチ。**やっと連敗から脱出できると思った矢先、クローザーが炎上してまさかの逆転負け！　こうなるともう手の施しようがありません。**

連敗中、登板間隔が開き過ぎないよう、クローザーに調整登板させることもありますが、勝ちゲームのヒリヒリした緊張感のあるマウンドとは別物。経験豊富なクローザーでも力んでしまい、抑えに失敗するケースもあるのです。

連敗中、選手はイライラしているため、ちょっとしたプレーをめぐって軽いイザコザが起こることもありますが、みんな必死だから仕方ありません。泥沼連敗を経験すると1勝の重みを強く感じます。

10連敗以上続くと、ファンのみなさんもたまりませんよね。ただ、選手は手を抜いているわけではなく、**勝ちたい意識が強くなりすぎ、力みが生まれ、本来のパフォーマンスが発揮できていない**のです。負けたからといって罵声を浴びせるのではなく、あたたかく見守り、応援してほしいと、元選手の立場からお願いしたいと思います。

最近、試合中の大乱闘を見かけないけど、なぜ？

ぼくが子どもの頃、スポーツニュースやスポーツバラエティ番組では定番（？）のコンテンツでしたね。**キャッチャーに見事なアッパーを食らわせた、元ジャイアンツのグラッデン。ライオンズの東尾修さんをパンチとキックでボッコボコにした、元大阪近鉄バッファローズのデービス。元ジャイアンツのガルベスが、審判目がけて硬球を投げつけるシーンは、見ていてゾっとしました。**

ああいう大乱闘、今はほとんど見かけません。まったくないわけではなく、例えばデッドボールなどの危険なプレーに対して、選手たちがホームベース付近に集まることはあります。**でも、以前のように手は出さない。**とりあえず、双方が言いたいことを言い、手打ちにするようなイメージです。

なぜ、以前のような大乱闘に発展しないのかですが、そもそもの前提として、**今の世の中「暴力は絶対にダメ」と、選手たちの頭に刷り込まれているのが大きい**でしょう。**口は出すけど手は出しません。**おもしろいのは選手がそう収めようとする一方で、コーチや首脳陣がカーッとアツくなるケースがあること。鉄拳制裁が珍しくなかった世代で、さらに激しい乱闘経験もあると、若い頃の血がたぎってしまうのかもしれませんね（笑）。

以前と違って、**他球団の選手間同士の交流が増えているのも、乱闘がなくなった要因だ**と思います。昔は、個人的に連絡をとるには家に電話するしかありませんでしたが、**今はSNSで簡単につながるし、他球団の選手と自主トレするのも珍しくありません。接点が増えれば仲良くもなるでしょう。**デッドボールはめちゃくちゃ痛いので、その瞬間は「このヤロ〜」となっても、相手が仲の良い選手だったら、暴力には至らないはずです。つまり、ブレーキがかかる要素が多いため大乱闘は少なくなった、というのがぼくの考えです。

「乱闘に加わらないと罰金がある」といううわさもあるようですが、実際、そんな決まりごとはありません。ただ、みんなでベンチを飛び出して相手に圧力をかける、という暗黙の了解のようなものはあります。ファイターズ時代に一度、乱闘騒ぎを経験しました。デッドボールが原因でしたが、ぼくはロッカーでアンダーシャツを着替えているときで、みんながワーッと飛び出したのを見て、着替えの途中でしたが、あわてて続きました。

ホームベース付近に両軍の選手が集まり、騒然とした雰囲気に……。ただ、ぼくはプロ野球選手としては軽量級で、万が一ガチの乱闘に発展したら、重量級の選手にやられてしまいます。**前に味方の重量級選手を置いて、その後ろから「やってやるよ！」と、雰囲気だけは参加していました（笑）。**

結局、何事もなく終わってベンチに帰り、心底ホッとしていたのを覚えています。でも、これが多くの選手のホンネだと思うので、今後も乱闘が増えることはないでしょうね。

好投していたピッチャーが、突然崩れる理由とは？

相手打線をほぼ完璧に抑えていたのに、あるイニングから急にコントロールが乱れたり、ポンポンッと連打されて、あっという間に崩れていく……。経験が浅く、若いピッチャーにたまに見られるケースですね。観戦している側からすると「どうして急に？」となっても不思議はありません。ぼくにピッチャー経験はありませんが、野手目線でいくつかの理由が考えられます。

崩れる原因として多いと思うのは、イニング間のルーティィーンが乱されることです。ピッチャーにはそれぞれ、イニング間で行うルーティィーンがあります。ベンチ前で行うキャッチボールもその一つですが、決まったルーティィーンを行うことで、自分のリズムで次のイニングのマウンドに立てます。逆に、何からの理由でリズムが乱されたときは、集中力が途切れるので、自分のピッチングができなくなっても不思議ではありません。

例えば走塁ミス。2アウトでランナーが1塁、**ピッチャーが準備を始めたとき、牽制で1塁ランナーがアウトになったとします。ピッチャーは十分なルーティィーンの時間が取れな**

いままマウンドに立つため、リズムが乱れるでしょう。特に走塁ミスの場合、相手チームは「ラッキーやん」となり、流れが変わるきっかけにもなります。

1アウトでランナー1塁、カウントが0－2の場合、ピッチャーは内野ゴロのダブルプレーでチェンジなら予想できます。ところが、牽制で1塁ランナーがアウトになり、次の投球でバッターは三振でチェンジ。これは予想していないため、リズムが狂う原因にもなります。**よく、ピッチャーは繊細だといわれますが、実際その通りで、想定内の展開なら対応できても、予想していなかったことが起こると、集中力が乱され、調子を崩すきっかけにもなりうる**のです。

味方の攻撃が長い場合も同じです。ルーティーンを始めたものの、なかなか攻撃が途切れず、いったん止めて様子を見て、また再開して……。**それを繰り返しているとリズムが乱れる**こともあります。

大量得点後のイニングで、ピッチャーが不安定な投球をすると「点差があるんだから気楽にいけばいいのに」と思いたくなりますが、**体は思うように動かない**のでしょう……。**ピッチャーは、本当に繊細**だと思います。

もし、試合中にピッチャーが急にコントロールを乱したり、連打されたりしたときは、何かリズムが乱れるきっかけがなかったか、想像してみてください。

どうしてプロ入りしてから球速が落ちるピッチャーがいる?

大学野球、社会人野球では剛腕で知られ、即戦力としてドラフト上位の指名を受けるピッチャーが毎年います。いわゆる「ドラフトの目玉」で、大きな注目を集めますが、プロ入りして数年経つと「あれ、前より球速落ちてない?」となるケースもあります。もちろん、**プロ入りしてからより速いストレートを投げるようになるピッチャーもいますが、逆に球速が落ちるピッチャーがいるのも事実**です。

剛腕と呼ばれるピッチャーの球は、プロに入っても速く、オープン戦などで対戦すると「評判通りやな」となります。球速が落ちるとすると、1年目が終わってからでしょう。剛腕と呼ばれたピッチャーも、**プロ野球を1年経験すると「ストレートだけじゃ抑えられない」と気づきます。これが、球速が落ちるきっかけになる**のだと思います。

アマチュア時代は、ストレート中心に組み立てていけば抑えられたとしても、プロでそれが通じるのはほんのひと握りです。**多くのピッチャーは、プロで生き残るために新しい変化球を覚え、コントロールに磨きをかけます。そんな意識を持って練習に取り組んでいく過程で、球速が落ちるケースがある**のです。

コントロールを意識すると球速が落ち、一度落ちると戻すのは難しくなるようです。

ぼくが思うに、そこでどう考えるかによって、プロのピッチャーとして長く活躍できるかが決まる気がします。**ストレートの球速が落ちても、投げられる変化球が増え、コントロールも良くなったら投球の幅が広がります。**バッターとの駆け引きも有利に進められるでしょう。いつも力勝負で抑えるのではなく、芯を外す、打たせて取るピッチングを意識すれば、成績は安定するはずです。

そもそも、プロ野球のシーズンは長く、常にベストコンディションでいられるわけではありません。自分の体の状態、相手打線の調子をふまえて、状況に合わせたピッチングをしなければ、長いシーズンは乗り切れない。ピッチングの幅が広がれば、少しストレートの球速が落ちても気にすることはないと思います。**時速150㎞の球を投げられるピッチャーが、力をセーブして投げる時速140㎞はすごく良い球です。**

シーズン中のクローザーの配置転換って、あり?

現代野球はピッチャーの分業体制が確立していて、**クローザーがしっかりしているチームは、戦い方に余裕が生まれます。**8回までにリードしておけば、野手は余計なことを考えず守備につけるし、力が抜けることで良いプレーが生まれやすくなる。そんな好循環が出来上がる気がします。

逆に、相手チームにはプレッシャーをかけることができます。リードされて終盤を迎え、相手の絶対的なクローザーが登板する流れになれば、正直、あきらめムードになるもので、それくらい絶対的なクローザーの存在は偉大です。**逆にクローザーが不安定なピッチングを続けていたら、チームにはかなり悪い影響を与えることになります。**

リードして最終回を迎えたものの、クローザーが抑えに失敗したとします。１度なら仕方ないで済みますが、それが続くとチームの雰囲気は悪くなるし、相手チームは「あの抑えならなんとかなる」と前向きになります。こうなると、実に厄介です。

クローザーが不安定な場合の配置転換、シーズン中でも野手としては歓迎です。調子の良い中継ぎ陣の中から新たなクローザーを抜擢するほうがいいと思うのは、観戦しているファンも同じではないでしょうか。

ただ、首脳陣はシーズン中の配置転換には慎重です。**クローザーのポジションは誰にでもできるわけではなく、良いピッチャーであると同時に、重圧に耐えられるだけのメンタルの強さが必要**だからです。

この重圧、まわりからは想像もできないほど大きいでしょう。クローザーは多くの場合１イニング、アウトを３つ取ればＯＫという場面で登板します。アウト３つなら成功して当たり前と思うかもしれませんが、**クローザーの肩にはチームの勝利だけでなく、それはもう、いろんなものが載せられています。極端な話、選手と、裏方のスタッフ全員の生活がかかっています。**勝ちゲームと負けゲームでは査定の内容がぜんぜん違うため、抑えに失敗して負けたら、全員の給料に大きな影響が出ます。もちろん、チームの雰囲気もどよ〜んとなる。誰も口には出さなくても、責任がどこにあるかは明らかですから、**試合後のロッカールームでは、まさに針のムシロ**でしょう。ぼくなんかとても、耐えられそうにありません。

メンタルが強い人でなければ、毎日、淡々と準備をして、マウンドに上がるのは、務まらない仕事だと思います。結果で示せないなら**シーズン中の配置転換はありでしょうが、次にクローザーを務めるピッチャーが、重圧に耐えられるだけのメンタルを持っているかは、やってみないとわからない。**これはチームとしても、ある種の賭けだと思います。

守りやすい球場、守りにくい球場ってある?

話題を変えて、少し球場にフォーカスしてみましょう。セ・パ合わせて12球団、それぞれホームスタジアムがありますが、スタンド観戦やテレビ観戦ではわからない、現場目線での違いというものがけっこうあります。

プレーした球場で守りやすかったのは、ライオンズのホーム、ベルーナドームです。夏の暑さは地獄ですが、**人工芝がやや寝ているため、内野ゴロはとても捕りやすかったん**です。ただ、芝が寝ているということは滑りやすく、3遊間、2遊間のゴロを捕球して踏ん張ろうとしたら、そのままシャーッと滑っていく選手もいました。ここは気を使いましたね。

天然芝、土のグラウンドは考えることが増えます。広島東洋カープ（以下、カープ）のホーム、マツダスタジアムは天然芝です。見た目はとてもきれいで、自然な緑色はナイター照明にも映えます。守る側からすると、**天然芝と土の部分で打球の速さが変わるため、ポジション取りに神経を使いました。**甲子園球場の内野は土で、基本、ゴロはとても捕りやすい。でも、イニング中にスパイク跡などがつくと、**イレギュラーも考慮しながら守らなくてはいけません。**

スワローズのホーム、神宮球場は、学生野球でも使うため、日本一使用頻度が高い球場ともいわれています。人工芝ですが、使用頻度が高く痛んでいてバウンドが不規則になる箇所があったりするので、試合前に確認していました。

あと、**神宮球場は高く上がったフライが捕りにくい球場**でもあります。ナイターでフライが高く上がると、打球が空にスーッと吸い込まれる感覚で、ボールとの距離感がとてもつかみにくいからです。**ほかの球場の場合、屋根やスタンドの一部を目に入れながら自分とボールとの距離感を測れるのですが、神宮球場はスタンドが低いためわかりにくい！** フライの捕球が危なっかしいシーンがあったら、そんな理由があるのだと思ってください。

甲子園球場のLED照明はひと味違うって本当？

照明も球場によって違いがあります。球場にいれば明るさの違いは分かるかもしれませんが、テレビではまず気づかないでしょう。**今はどの球場もLED化が進んでいて、グラウンドに立つと違いは歴然、めちゃくちゃ明るい！** デイゲームに近い感覚で、打席に入っても守備についていても、とても見やすく感じます。

ただ、**問題もあって、以前の電球の照明なら、フライのボールがかぶってもなんとかボールを追い続けられましたが、LEDは完全に見失ってしまいます。**

LEDの照明が導入された当初、ナイターなのにサングラスをかけている選手がいたのはこんな理由からです。ただ、今はLEDが主流になり、選手も慣れてきているので、そういう選手は減っていると思います。

LED照明で感動したのが甲子園球場。甲子園のナイター照明というと、ややオレンジが

かったノスタルジックな光で、「カクテル光線」の発祥としても知られています。独特の雰囲気はぼくも大好きでしたが、２０２２年シーズンから、照明はすべてＬＥＤ化されたそうです。でも、あまり違和感はありませんよね。あれ、**甲子園の独特の雰囲気を残すために、暖かみのあるカクテル光線をＬＥＤで再現した**そうです。

ＬＥＤ化すると間違いなく明るくなりますが、ただ明るくするのではなく、**伝統ある色調を再現するなんて、素晴らしいアイデア、そして技術だと思います。甲子園でナイター観戦する機会があれば、ぜひ照明に注目してみて**ください。

東京ドームのベンチ裏、ホームとビジターで格差がある？

北海道に本拠地を移すまで、東京ドームはファイターズのホームでもありました。北海道に移ってからも、年に何試合か東京ドーム開催の試合があり、そのときもファイターズの選手はホーム側、つまり１塁側のベンチを使います。**ぼくはファイターズ時代にホーム側、スワローズ時代にビジター側のベンチを使った経験があり、外からは見えないものの、実はホームとビジターでちょっとした差があることに気づきました。**

ベンチの裏には、控え選手がストレッチやアップをしたり、素振りをしたりするスペース

があります が、ホームの方が3倍くらい広い。ビジター側は本当に狭く、1人が素振りするのがやっと、というスペースしかありません。

ホーム側もビジター側も、ベンチの隅にはトイレが1つあり、これは同じ……。ですが、**ホーム側はシャワートイレなのに、ビジター側はなんとノーマルトイレ**でした。

また、**どっちのロッカールームにもお風呂がありますが、ホーム側は大きな浴槽とシャワー、そしてサウナがあるのに対して、ビジター側にサウナはなし！** ただ、これはぼくが現役の頃の話であって、今もそうなのかはわからない、とお断りしておきます。

自分は大活躍！　でも、チームが負けたらテンションはどう？

猛打賞などでバッティング絶好調だったら、もちろん個人的にはうれしいですが、試合に負けたら、**やっぱり素直にはよろこべませんね。**逆転負けの場合は特にそうで、経験があります。スワローズに移籍した2014年、2軍から合流して、しばらく経ってから1軍に呼ばれ、何試合目かにスタメン出場しました。神宮球場でのジャイアンツ戦で、ぼくは7回裏に逆転タイムリーヒットを打ち、あと2回抑えればこっちの勝ち！　移籍して間もないのにお立ち台に上がれるかもしれないと、すごくテンションが上がっていました。

そして迎えた9回表、2点リードのままクローザーがマウンドに上がり、あと3つアウトを取れればと思っていたら……まさかの大炎上で逆転負け。あのときはめっちゃヘコみました。あのまま勝っていたらスポーツニュースに取り上げられただろうし、次の日のスポーツ新聞に大きく載ったかもしれません。勝利に大きく貢献したとなれば年俸査定にも大きく影響するかも……。ワクワクしていたのにまさかの結果で、逆転タイムリーのよろこびがふっ飛んでしまうほどでした。

控え選手は、試合中にどうやって準備している？

プロ野球のシーズンは長く、優勝を狙うには選手層の厚さも重要なポイントになります。レギュラーに実力者が揃っていても、疲れで調子を落とす時期があれば、ケガで戦列を離れることもある。レギュラーを中心にスタメンを組みながら、対戦カード、個々の選手の状態、さらに試合の流れを読みながら、控え選手をどう使うかのマネジメントが、長いシーズンで安定した成績を残すには欠かせません。

ぼくの場合、スタメン出場もありましたが、試合の途中から守備固めで入ったり、代打で打席に立ったり、という起用が多くありました。あまり表には出ませんが、**控え選手に**

は控え選手の、準備の大変さがあります。

なんとなく「今日あたりスタメンあるかも」と想像はします。**スタメンの発表は試合当日、練習前のアップを始める頃合いに、ロッカールームのホワイトボードに、背番号と名前が張り出されます。**

スタメンに名前がない場合、その日の自分の役割に合わせて準備をすることになります。ファイターズ時代は守備固めで使われることが多かったので、7回くらいからベンチの裏でアップを開始します。セカンドに入ることが多く、レギュラーのセカンドが最後の打席を終えるまでにアップを終えて、いつ声がかかってもいけるようにしておきます。

守備固めの場合、勝ち試合の終盤2、3イニングに合わせればいいので、準備はしやすいのですが、守備固めで入るということは「ちゃんと守って当たり前」であり、**もしミスを犯したら存在価値はなくなります。口の中がカッサカサになるくらい、めちゃくちゃ緊張します。**

記憶では、守備固めで入った試合でエラーはしていないと思いますが、ぼくの場合、バッティングのことはまったく考えられませんでした。**たまに、打順がまわってくることもありますが、守備のことで頭がいっぱいなので、打席に入っても守備のことを考えていました。**

スワローズに移籍してからは代打が多かったのですが、**代打の場合、どの段階で準備す**

るかの判断が難しくなります。ピッチャー交代のタイミングで代打、これが最もわかりやすいのですが、ぼくは代打の切り札的に、主に試合の終盤で使われていました。

ただ、**ここが勝負どころだろう、とこっちが思っても、監督の判断は違うこともあるし、試合の序盤から勝負をかけるため、早いイニングで呼ばれることもあります。**試合の流れを見ながら、集中したり、ゆるめたりと、みなさんから見えないところで、控え選手も苦労しているのですよ（笑）。

控え選手にもいろんなタイプがいて、ほとんど汗をかかずに出ていく選手がいれば、時間をかけて入念に準備する選手もいます。

ぼくは後者で、**ランニング、ストレッチに時間をかけ、汗びっしょりになりながら気持ちを高めていました。「なみ、もうちょっと待とう」となると、1回リセットして、様子を見ながら、また最初から同じことの繰り返しです。**

スタンドからは見えず、テレビカメラにも映らないところで、控え選手たちも戦っていることを、知っておいてほしいと思います。

セ・パ交流戦、ぶっちゃけ、選手はどう思ってる?

プロ野獣のペナントレースはセ・リーグ、パ・リーグに分かれますが、2005年から始まったセ・パ交流戦によって、普段のリーグ戦では見ることのできないカードも観戦できるようになっています。

では、選手目線はというと、今は「やや歓迎」に落ち着いたという印象でしょうか。

交流戦が始まった当初は、ホーム・アンド・アウエーで各3試合ずつの総当たり戦、1つのカードが合計6試合、1チーム36試合で実施されていました。ぼくが入団した2007年から少し変わって、ホームとビジターを2試合ずつ、合計24試合に削減されました。**選手はみんなこれを、めっちゃよろこんでいました。というのも、シーズンは1カード3連戦が基本で、休みは月曜のみですが、2連戦になると移動休みの日が増えて、これがめちゃくちゃありがたいから**です。

交流戦がある夏は、開幕からたまっていた疲れがピークに達している時期です。**1日でも休みが増えるだけで、体力的には本当にラクになるので、まわりの選手はみんな、交流戦が待ち遠しい**ようでした。

それに、**普段は行かない別リーグの本拠地に行けるのも、いろんな意味で楽しみ**でしたね。

特に試合の後、美味しいお店を発見するとか。

ただ、**2015年に大きく制度変更してから、選手の受け止め方は変わった**と思います。**交流戦は合計18試合に減らされて、ホーム・アンド・アウェーではなく、1年おきに開催地を入れ替えるようになりました。**例えば、ホークス対スワローズのカード、今年は福岡で開催したら、翌年は神宮で開催となります。

1つのカードは3連戦で、1週間に6試合。**これだとレギュラーシーズンと何も変わりません。逆に、休みなく不慣れな土地に遠征することにもなるため、選手にとっては負担が増えたとも言える**でしょう。だから以前ほど、選手たちは交流戦を待ち望んではいないと思います。もちろん、手を抜くわけではないし、別リーグのチームと新鮮な気持ちで試合ができる楽しみがあるのは、間違いありません。

Another Angle 3

知っていたらドヤ顔できる？プロが使っている盗塁のサイン

成功すればチャンスをグッと広げられる盗塁は、僅差で競っている試合ほどサインを出すタイミングが重要です。プロで使う盗塁のサインは大きく3つ。これ、意外に知られていないかもしれません。

1つ目は「ディスボール」。英語にすれば「This Ball」で、ランナーは必ずスタートを切れ、というサインです。反応が遅れても、とにかく走ります。バッテリーが盗塁はないと完全に油断していて、次が変化球と予測できた場合に出るサインですが、実際にはあまり使われません。

2つ目が「グリーンライト」。最も多く使わるサインで、ランナーは自分が行けると思ったタイミングでスタートしてよし！　判断をまかせるため、俊足のランナーに出されるケースが多くなります。サインはバッターがアウトになるまでは有効です。

ギャンブル的な「ピクイチGO」

3つ目が「ピクイチGO」。ピッチャーがピクッと動いたらスタート、というサインです。ピクッの後が牽制でも戻らず、次の塁を目指します。決まればセーフの確率が高いものの、ギャンブル的な要素も強く2アウト、2ストライクの場合に限られます。盗塁が成功すれば得点圏にランナーを置けるし、失敗しても、バッターのカウントはリセットされ、次の回の先頭打者として打席に立てるからです。

これ、知っていたら、けっこうドヤ顔できる知識ではないでしょうか。

6th Inning

なみさん、実はそこそこ打っている今浪クラスの打撃論、炎上覚悟でいけますか？

6th Inning

「いける……でしょう！」

この章はちょっと、悩みました。ぼくの立ち位置でバッティングを語っていいものかどうか……。ただ、トップレベルの選手たちを間近で見ていましたし、ドロ臭いながらも結果にこだわり、自分の形を追究していたのは事実です。どれだけ興味を持ってもらえるかわからないものの、今浪クラス目線でよければ、いきましょう。

トレード後に打撃成績が向上したのはなぜ？

11年間のプロ野人生の通算成績を振り返ると、2014年を境に大きく変わっている数字があります。2014年のシーズンが始まってすぐ、ファイターズからスワローズへトレード。パ・リーグからセ・リーグへ移ると、対応に苦労する選手もいるなかで、ぼくは打撃成績を上げることができました。

ファイターズ時代とスワローズ時代、1軍での打撃成績はこんな感じです。

・ファイターズ時代　223試合出場　375打数89安打　打率2割3分5厘
・スワローズ時代　182試合出場　377打数107安打　打率2割8分4厘

別の選手の成績ではないかと思うほど変化していて、**トレード後のほうが「打てる選手」になっています。**セ・リーグの水が性に合ったというわけでもないんです。でも改めてこの成績を見返すと、「なるほど」と納得できます。なぜって「**打てる選手になろう**」と、**必死にあがいていた時期と重なるから**です。

ファイターズ時代、ぼくは守備固めで使われることが多く、守りでチームに貢献できればいいと思っていました。それなりに評価はされていたものの、同時期に入団した野手に、ぼくより年俸の上がり幅の大きい選手がいることに気づきます。守備では負けていないのにどうして差がつくのか。答えは簡単で、**その選手のほうが「打てた」**からです。

守備固めの選手は守ることに集中して、バッティングまでは意識が回らないものなんですね。でも**給料を上げるには「もっと打てるようにならないといかん！」**。**そう気づいたのが2012年のシーズンあたり**で、それから自分であれこれ考え、コーチや先輩のアドバイスも受けながら、打撃改造に取り組みました。**自分のなかで手応えのようなものを感じたのが2013年シーズンの終わり頃。「よし、来年が勝負の年」と思っていたところで、ス**

ワローズへトレードとなったわけです……。

移籍後に打撃成績が向上したのは前述した通りですが、タイミングもよかったのかもしれません。リーグが変わったことで、対戦するピッチャーに対する**先入観はなくなり、すべてリセットして挑むことができました**から。

セとパの、ピッチャーレベルの違いもあるでしょうし、当時の外野の守備力に関しては、明らかにパ・リーグのほうが上だったので、ヒットになりやすい感覚もありました。結果が出れば自信になります。余裕を持ってバッターボックスに立てるようになり、さらに良い結果が出る……。ぼくはプロ通算で3本のホームランを打っていますが、いずれもスワローズに移籍してからで、打点も増えています。

守備固めの頃は守備9：打撃1の意識でしたが、移籍してからは守備3：打撃7くらいの意識に変わりました。感覚が最も良かったのは引退を決めた2017年のシーズンだったので、ケガや病気で思うように試合に出られないのは、本当に悔しかったですね。

代打で好成績を残す秘訣ってある？

一軍半的な立ち位置でしたが、11年間のプロ野球人生の通算成績で「みんなに誇ってもいいんじゃないか」と言えるものがあります。**それは代打の成績。スワローズ時代は代打の切り札的に使われることも多く、通算代打率は3割1分6厘でした。**

代打で打席に立てるのは、当然ですが1試合に1打席。スタメンではそれなりの成績なのに、代打だと結果を残せない選手もいます。**代打で成績を残せるかどうかの分かれ目は、ぼくの考えでは「ファーストストライクから振っていけるかどうか」**です。

終盤で代打の場合、マウンドには相手チームの中継ぎエース的なピッチャー、またはクローザーがいることが多くなります。安定した成績を残す、誰が見ても良いピッチャーです。そんなピッチャー相手に**ストライクを先行されたら、バッターはかなりきつくなります。最悪なのは、初球のストライクを簡単に見逃して0－1になること。**次が空振り、またはファールでも0－2となり、**あっという間に追い込まれてしまうから**です。

ぼくは代打で打席に立ったとき、ファーストストライクは、コースや球種に関係なく思い切り振るようにしていました。空振り、ファールで0－1になっても、見逃すよりはぜんぜんいいんです。この場面では、細かな駆け引きとか、タイミングを合わせるとかは関係なく、フェアゾーンに打球を飛ばす意識が大切です。

そして、打球の質にはこだわらないこと。完璧な当たりは必要なく、たとえ詰まっても、相手が前進守備なら内野手の間を抜けるかもしれなし、バットの先っぽに当たってもポテンヒットになるかもしれない……。

代打は内容ではなく結果がすべて！　そう割り切ってファーストストライクから超強気に振っていったからこそ、継続して起用してもらえるだけの成績を残せたのだと思います。代打で思うような結果が出ない選手は、簡単に初球を見逃したり、自分のタイミングや形にこだわり過ぎたりしているのかもしれません。

ファーストストライクから打つのは、もったいない？

この「ファーストストライクから積極的に振っていく」は、スタメンのときも意識していました。**初球を当たり前のように見逃す選手もいますが、**ボールなら1－0でバッター有利のカウントになるものの、ストライクなら0－1でピッチャー有利になります。見逃してストライクが先行したら、バッターは自分で打率を下げようとしているようなものです。そうならないように、**ストライクと判断したら思い切り振る！**

代打のときと違うのは、ストライクゾーンを少し狭く設定して、そこに入ってきたら振ること。**当てにいくのではなく自分のスイングで！**　空振りしても、ファールになってもいいんです。甘いボールをファールにされたらピッチャーは肝を冷やすでしょうし、次はもっと厳しいコースに投げようと、**余計なことを考えるようにもなるでしょう。**仮にカウントが0－1になっても、**バッターが仕掛けた結果なら、完全に主導権を渡したことにはなりません。**

ファーストストライクから打ちにいくのは「もったいない」と考える選手もいるようですが、何がもったいないのか……わかりません。ひょっとしたら、過去に初球のストライクを打って凡退して「なにもったいないことしてんねん！」と、監督や先輩から叱られたトラウマがあるのかもしれませんが、でもそれ、間違いです。**ファーストストライクを打って凡退したら「もったいない」で、3－2から凡退したら「よくやった」なんてこと、ありませんから。**

繰り返しますが、**ファーストストライクを簡単に見逃すのは、自分で自分を苦しめるようなものです。**いかにバッター有利のカウントで勝負するかが、打率を残す絶対条件の1つであり、ファーストストライクを見逃して、あえて0－1の状況をつくるなんて、ぼくからしたら、それこそ「もったいない」です。

もちろん、初球のストライクを悠然と見逃しながら、きっちり成績を残すバッターもいます。でもこれは、卓越した技術を持つスペシャルなバッターであり、少なくともぼくはそうではなかった。だから、ファーストストライクから思い切り振っていました。

6回を終わってチームはノーヒット、相手ピッチャーの球数は少ないとします。ぼくが7回の攻撃でバッターボックスに立ったら、ファーストストライクから積極的に狙います。こういう展開、**バッターは簡単に初球のストライクを見逃し、ボールくさい釣り球に手を出して凡退、というケースが多いはず**です。同じパターンで抑えられるからピッチャーはラクですね。**初球のストライクから振っていけば、相手は配球を考えるかもしれませんし、それがきっかけで流れが変わることもあり得る**でしょう。

とにかく、悪い結果を想像して「もったいない」となるのではなく、**ファーストストライクは思い切り振る！　それも、当てにいくのではなく自分のスイングで!!**　これは打撃成績を向上させる1つの条件ではないでしょうか。

速いボールにスイングスピードを上げて対応するのは間違い？

高校生では時速140km、大学、社会人では時速150kmを超えるストレートを投げるピッチャーが増えています。速いストレートを投げるピッチャーは、味方なら心強いのですが、当然、対戦相手にもいます。**球速インフレともいえる時代に打撃成績を残すには、速いストレートへの対応が欠かせません。**

速いボールに対する苦手意識が相手バッテリーに伝わると、ウイークポイントを突いた攻め方をされるため、しんどくなります。どうすれば速いボールに対応できるのか、の前に、どうして速いボールにうまく対応できないのかを考えてみましょう。

速いストレートに負けないように、自分も力いっぱいスイングしようとする、つまり**「マン振り」するのは、一見、当然のように思えるかもしれませんが、ぼくの感覚だと間違い**、ということになるんですね。

マン振りしてしまうと、バットの軌道が乱れ、バットがベースの上を通過する時間が短くなりやすく、ボールとコンタクトする時間がギュッと凝縮されます。その結果、どうしてもタイミングを合わせづらくなります。

また、マン振りしようとすると力みをも生まれるため、とらえたと思ってもファールになってしまうケースも多く生まれます。

ストライクが先行してピッチャー有利のカウントになると、バッターはますます力が入り、さらに対応が難しくなる……。**速いストレートが苦手と感じている人は、こんな負のスパイラルに陥っている**のではないでしょうか。

テニスの壁打ちを想像してみてください。

遅いボールを壁に当てると、弱く勢いのないボールが返ってくるのに対して、速いボールを当てると、強く勢いのあるボールが返ってきますよね。**速いボールには勢いがあるので、当てるだけでよく反発します。これは野球も同じです。**

速いボールに対してマン振りする必要はなく、それよりなるべく長く、ベース上にバットがあるように意識するのが肝心です。速いボールに対して速く反応するのではなく、体をゆったり、大きく動かすように意識していました。

ぼくはこんな考えで速いボールに対応していたのですが、「ゆったり、大きく動かすと詰まるのでは」と思うかもしれません。でも、**速いストレートに対して詰まっても問題ない**と、ぼくは思います。繰り返しますが、**速いボールには勢い（エネルギー）があるため、芯を外してちょっと詰まったとしても、想像以上に力強い打球になる**からです。詰まるのが嫌だから速く動こうとすると、実はタイミングが合わせづらくなるし、ファールになるケースが増えたりするものです。

つまり、速いボールに対しては、マン振りするのではなく、ボールの力を利用して飛ばすことを考えた方がいい。ピッチングマシンを速めの球速に設定して、**トスバッティングのような感覚で軽く振ってみる**と、意外に強い打球が打てるとわかるはずです。速いボールに対しての苦手意識も消えるかもしれません。

左バッターが左ピッチャーを攻略する秘訣って、あるの？

ゲーム終盤、左の強打者に対して、ワンポイントリリーフとして左ピッチャーを送り出すケースはよくあります。バッターに軍配が上がるときもありますが、どちらかというとピッチャーが抑えるほうが多いのではないでしょうか。「**左対左**」**はピッチャー有利。これは令和の時代になっても、有効な作戦として機能しているよう**です。

特にアマチュア野球では、左ピッチャーを苦手としている左バッターは多く、凡退しているシーンをよく見かけます。

どうして左ピッチャーに苦労するのか、また、攻略できるのか。ぼくの経験をもとに解説してみますね。

左ピッチャーが苦手な左バッターが打ち取られる光景は、だいたい同じです。体は思い切り開きながら、スライダーなどアウトコースの変化球を空振り。どうしてあそこまで見事に崩されるのか、疑問に思う人がいるかもしれませんが、**バッターは打ったら1塁ベースに向かって走るため、そもそも左バッターは体が開きやすい傾向にあります。**

開かずにボールをとらえるため、多くの左バッターは左ピッチャーと対戦するとき、ストレートを待っているはずです。**ストレートのタイミングで振りにいって曲げられたら、体**

がもう開いた状態なので万事休す……。なんとか当てようと両腕を伸ばすものの、あえなく空振り、となるわけです。

つまり、左バッターが左ピッチャーに苦労する主な原因は、体が開いてしまうことにあります。それなら開かないようにすればいいのですが、これがなかなか難しい。多くの左バッターは、相手が左ピッチャーのときはストレートを待っていると言いましたが、**ぼくは曲がり系の変化球、例えばスライダーを待つようにしていました。**

左ピッチャーのスライダーやカーブは、左バッターからすると体から遠ざかっていく軌道を描きます。**最初からその軌道をイメージしておくと、体の開きを抑えることができます。**開いたら、遠ざかるボールには対応できませんから。**曲がるボールを頭に置いておけば、ちょっと刺し込まれてもストレートにも対応できます。**

ぼくの場合、追い込まれるまでインコースは意識しないようにしていました。**インコースにストレートをズバッと決められたら、それはもう仕方ない！**「お見事」と拍手を送ってもいいくらいです。でも、左バッターの膝元付近、または胸元で勝負できる左ピッチャーは、プロでもそんなに多くはありません。だから、そこに決められたら仕方ないと割り切ります。

キャッチャーが膝元付近や胸元を要求しても、多くの場合はちょっと甘く、真ん中寄りに入ってきます。このコースなら、曲がり系のボールをイメージして打席に立っていても、プロは対応できるし、ファールでも逃げられます。

ぼくはこんな考えで左ピッチャーと対戦していました。**左対左を苦にしないバッターは、体の開きを抑える、自分なりのポイントを持っている**のではないでしょうか。

プロはどこまで打つべきボールを絞っている？

よく「天才肌」と言いますが、**生まれ持ったフィジカルや、センスが違うと思える選手には、特に狙い球も絞らず、来たボールを感覚的に打ち返す、というタイプが多かった**ように感じます。それで数字を残せるのが理想なのでしょうが、もちろん、ぼくはそんな天才肌ではなかったため、打席では狙い球を絞っていました。では、プロはどれくらいまで絞り込んでいるのでしょうか。

ピンポイントで「このボールがここに来たら打つ」まで絞る？　ぼくもそうでしたが、ここまで絞る人はいないと思います。絞り過ぎると、それ以外の選択肢を捨てることになり、あっという間にピッチャー有利なカウントになってしまう可能性が高いからです。では、ぼくがどう絞っていたかですが、これ、かなりアバウトです。

基本的なことをいうと、**狙い球を絞る第一段階は「球種やコースを絞ること」ではありません。最初にするのは「打球の方向を決めること」**。レフト方向、センター方向、ライト方向、**どの方向に打つか決めておかないと狙い球は絞りようがありません**。意外にカン違いしている人が多いかもしれませんね。

ランナーなしの状況なら、ぼくはまずセンター方向を意識していました。**そして、極端な内、外ではなく、真ん中からやや内、外に目付しておきます**。目付というのは、なんとなくこのへんのボールを狙う、という意識づけです。次は球種ですが、速い系と遅い系に分けて、**最初に待つのは速い系の球**。ストレートとスライダー、ピッチャーによってはフォークボール、カットボールも速い系に含みます。

これでコースと球種の絞り込みは済みました。あとは、**目付したコースに狙っていたボールが来れば、センターを意識して思い切り振るだけです**。引っ張りたい場合は、コースの目付をちょっと内側にずらして、遅い系のボールに絞り、長打を狙いたいときは、コースをベルトより上に目付して、球種をピンポイントで絞ることもあります。

ピッチャーがどんなボールを投げるかではなく**「自分がどの方向に、どんな打球を打ちたいのか」から始めないと、狙い球はなかなか絞れないもの**なんです。それを意識しているかどうかが、プロとアマの大きな違いかもしれません。

プロは打席でどんなことを考えている？

狙い球はアウトカウント、ランナーの有り無しでも変わってきます。2つの状況を設定して、プロは打席で何を考え、狙い球を絞っているのかを明かしておきましょう。

ノーアウトでランナーが2塁。左バッターのぼくが打席に立っていて、バントのサインは出ていないとします。この場合、相手のバッテリーはランナーを3塁に進めたくないため、配球はアウトコース中心。**流し打ちでショートの頭上、3遊間を狙うこともできそうですが、それは考えない。ショートライナーやショートゴロになったら、ランナーは進塁できず、アウトカウントが増えるだけだから**です。

バントのサインが出ていないということは、**ベンチが期待するのはランナーをホームに返すヒット**です。それには強い打球を飛ばさなくてはいけないので、**ぼくは引っ張ることを意識**していました。追い込まれるまで、アウトコースギリギリの厳しいコースは捨てます。引っ張れませんから。**待つのは真ん中からやや外の、速い系の球。そしてゴロを打つ意識ではなく、結果、ライトフライでもランナーが3塁に進めるように、外野まで飛ばすイメージを持ちます。**

ツーストライクに追い込まれたら、ストライクゾーンを広げると同時に、右に低い打球を打つイメージを持ちます。外に目付をしていると内のボールは窮屈になりますが、この場合は詰まった**セカンドゴロでも、ランナーが3塁に進めればいいん**です。

ノーアウトランナー2塁で最善の結果は、もちろんホームラン。ぼくはそういうタイプのバッターではないので、**まずヒットでランナーを返すことを考え、次にヒットにできなかった場合でも、進塁させることを考える**わけです。

バントのサインが出ていないのに、最初から「進塁打でいい」と考えてしまうと、良い結果を残すことはできません。**まず最善、状況によっては次善でも良しとして、最悪だけはなんとしてでも避ける、これがプロの思考パターン**です。

打ってダブルプレーより「三振の方がいい」って考えたりする？

もう1つ、別の状況の考え方と狙い球について。

8回表、スコアは0－0、ワンアウトランナー1・3塁でバッターは今浪。内野はダブルプレーも狙える中間守備、外野の守備位置は定位置だとします。このケース、ヒットを打てなくても犠牲フライで1点入るのですから、ぼくなら「ラクだな」と感じます。**最悪なのはダブルプレー。**チャンスが一瞬にして潰れるからです。

相手バッテリーは内野ゴロを打たせたいので、キャッチャーのリードは低め中心。**こっちは犠牲フライでもいいわけですから、低めは捨てて高めに目付をし、引っ張って、強い打球を外野まで飛ばすため、真ん中付近からやや内側の速い系の球に絞ります。**

追い込まれたら、犠牲フライを頭に残しながら、低い打球を打つため低めの球も待ちます。ランナー1・3塁だと、**打ちにいってダブルプレーになるよりは「三振のほうがいい」**とも言われますが、ぼくはタイプ的にダブルプレーが多くないバッターで、三振するより**ゴロを打ったほうがゲームを動かせると考えていたからです。**自分の気持ち的にイヤだったというだけでなく、ピッチャーを勢いづかせる気もしていたからという、別の理由もありました。ただ、野手の正面の強い打球だとダブルプレーの可能性が高いので、野手の間、または勢いのないゴロを打ち、**ダブルプレー崩れの間に3塁ランナーがホームに帰り、1点入ればオッケーです。**

もし、最悪のダブルプレーになった場合は「なみ、三振でよかったんやで」と、ベンチもスタンドもテレビの前の人も思うでしょうが、ぼくとしては精一杯考え、自分がやれることをやった結果なので、これはもう受け入れるしかありません。

デッドボールのよけ方にはコツがある？

デッドボールに関して、11年間のプロ野球人生で、記録に残っているのはたぶん2回です。危ないボールはいくつもありましたが、**よけるのは得意なほうだと、現役時代から思っていました。**

デッドボールが多い選手もいます。見ていて思ったのは、**当たりやすい選手には、共通して体が開くクセがあること。**体が開くと、自分に向かってくるボールをよけたつもりでも、よけ切れず当たってしまうケースが多々あります。

ぼくは「開かないこと」を意識していました。**開かずに後ろの足（ぼくは左バッターなので左足）をスッと一歩分引く。**後ろの足を瞬時に動かせるかどうかが大きなポイントで、やってみるとわかりますが、**体が開いていると動かせないでしょう。**よけたつもりでも、**実は体が開いているだけ**なので、デッドボールを食らいやすくなるわけです。

後ろの足を一歩引ければ、低めのひざ元に来たボールも、上半身に向かって来たボールもスッとよけられます。**よけるというより「いなす」感覚です。スッ、またはヒョイッといなす。**これ、意識するとデッドボールは間違いなく減るはずです（笑）。

バントがうまい人、下手な人の違いはどこにある？

バントに関して、自分で言うものなんですが、**ぼくはうまいほうだったと思います。でも最初からうまかったわけではなく、考え方を変えてから失敗が減りました。**

よく「バント練習は試合と同じ緊張感を持ってやれ」と言います。でも、試合と同じ緊張感って、再現するのは無理ですよね。

なぜ試合でバントを失敗するのかと言えば、緊張して力むからでしょう。リラックスすればいい。その通りですが、バントのサインは失敗が許されない局面で出されることが多いので、普通ならリラックスするのは難しい。それなら「練習のときからガッチガチに力んだ状態にすればいいのでは？」。そう考えて、手から肩から力みまくってバント練習するようになってから、試合で失敗を怖がらなくなった気がします。

ぼくが思うバントを決めるポイントは次の４つです。

・バットを握る位置

左手（右バッターなら右手）の位置をすごく研究しましたが、**マークやロゴがある、芯の部分からちょっと下**が、ぼくの場合はベストバランスでした。

・ボールを当てる位置

意識したのはバットの先です。なぜ先かというと、**ボールの勢いに負けて、ボールが勝手に「死んでくれる」から。**意識して勢いを殺す必要がなくなります。

・力の入れ方

先っぽに当てるのですが、ボールの勢いに負けすぎるとファールになります。左手の握る力がポイントで、**ぼくは握力マックス、ギューッと力を込めて握っていました。**これだとボールの勢いに負けすぎず、ちょうどいい塩梅のバントになります。

・バットの角度

これも重要で、ぼくは正面から見ると、45度くらいの角度になるようにヘッドを立てていました。手首はがっちり固定。そして3塁側か、1塁側か、転がしたい方向にバットの面を向けたら、その形を崩さず、ガッチガチに力んだままバントします。

これが今浪流バントの鉄則です。また、**バント練習は多くやればいいわけではなく、ぼくは試合前に3球だけと決めていました。**その3球は、さっきの4つのポイントを意識してガッチガチに力んだ状態をつくり、集中してバントを決める……。これは、いろんな人の参考になるかもしれません。

種類の多い変化球、プロはすべて見切っている？

ひと昔前はカーブ、スライダーなど曲がり系のボールが中心でしたが、フォークボールに象徴される落ちる系のボールが増え、**今の野球は、変化球の種類がめちゃくちゃ多くなっています。**

それに対応しなければいけないバッターは大変ですが、「あれだけたくさんある変化球の微妙な違いを、プロのバッターは見切っているのか？」と思う方もいるようです。確かに、テレビで見ていても「今のは？」となるくらい微妙なボールも多いのですが、**結論からいうと「見切っている、はず」**です。

言葉で説明するのはなかなか難しいので、次のページで図解してみました。**縦軸が球速**で、上にいくほど速く、下にいくほど遅い。**横軸は変化の大小**で、左にいくほど変化は小さく、右にいくほど大きい。以下、その図を補足してみますが、**左バッターのぼくが右ピッチャーと対戦している**という想定です。

・ストレート

いわゆるフォーシーム。球速はいちばん速く、変化は最も小さい。

代表的な球種とその速さ、変化のイメージチャート

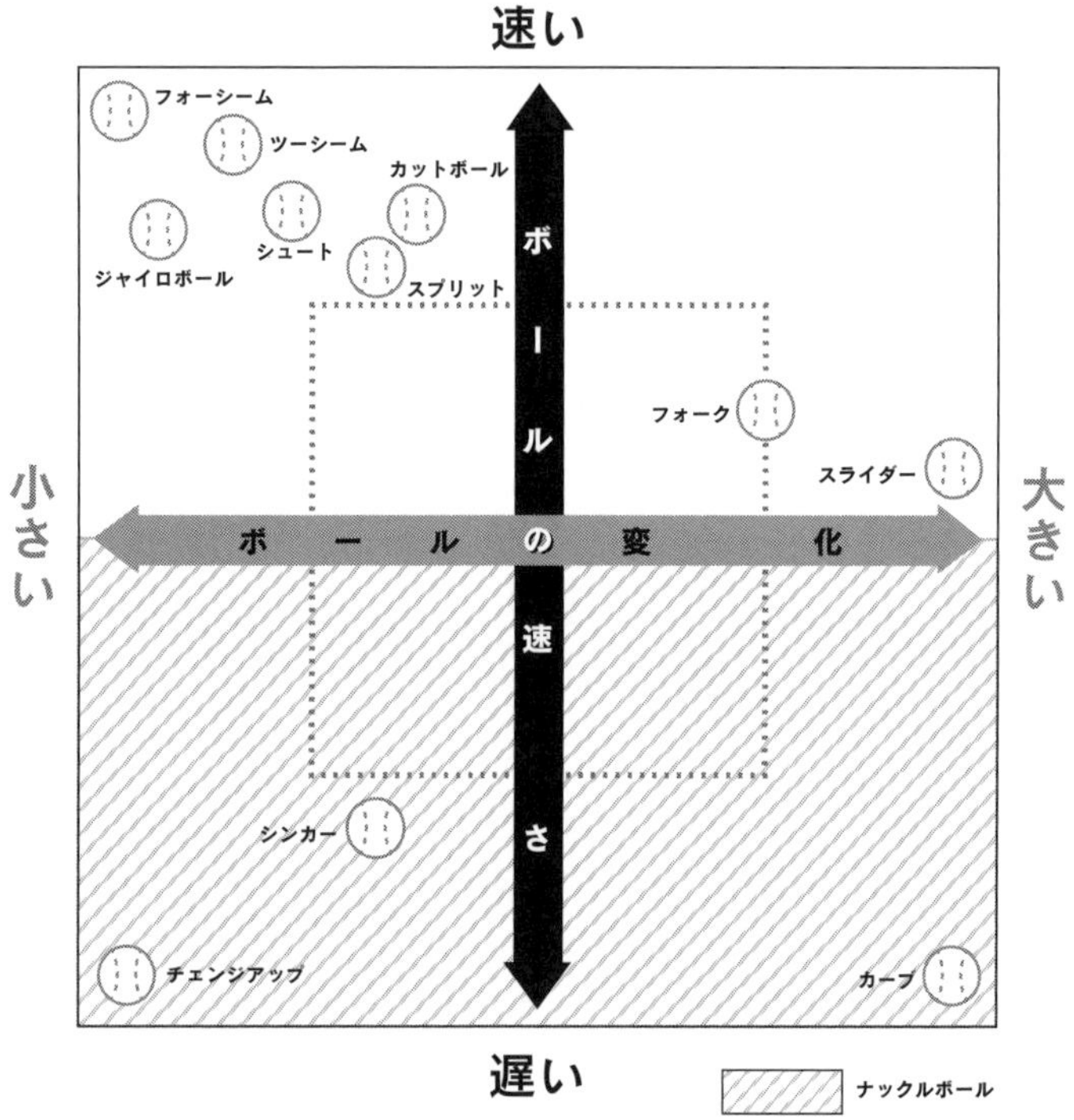

球速と変化の量を基準にした球種のチャート。ナックルボールは、曲がり方に大きなムラのある遅い球なので、ポイント表示できず、広くゆるい表示となります。なお、あくまでも私の感覚をチャート化したものです。

・ツーシーム

握りを変えたストレート。フォーシームより少し遅く、シュートしながらちょっと落ちるイメージです。

・カーブ

球速はかなり遅め、変化はいちばん大きい。

・スライダー

ツーシームよりやや遅く、変化は大きくなります。

・カットボール

スライダーをかっこつけて表現した変化球、ではなく、スライダーより速く、変化は小さい。ストレートが手元でギュインと曲がる感覚です。

・シュート

位置づけとしてはカットボールと対になる感じ。変化は小さめですが、えげつないシュートはギュインと曲がります。

・フォークボール

そこそこ速く、変化もそこそこ。ボールの回転がかなり少ないため見分けやすいのですが、出だしがストライクゾーンに来ると、ボールになる球でも手が出てしまいます。

・スプリット

フォークより速く、変化は小さめ。ストレートだと思って振ると「消えた！」と空振りしやすいボールです。

・シンカー

遅く、変化も小さいですが、右ピッチャーが投げたシンカーは、左バッターからは逃げていく軌道になるため、タイミングを合わせにくい。

・ナックルボール

これ、球速が遅い以外、どんな軌道を絵描くかは投げたピッチャーもわからないようです。変化が大きいことも、小さいこともあります。

・ジャイロボール

漫画ではギュインッとホップするように描かれますが、ストレートが少しだけ曲がりながら落ちる。カットボールに近い感覚です。

対戦するピッチャーの持ち球は事前にインプットしているので、その情報と照らし合わせて、ぼくは球種を判断していました。かなりの確率で正解だったと思いますが、判断できたからといって、必ずしも打率に反映されるわけではありませんので……。

6th Inning
なみさん、実はそこそこ打っている
今浪クラスの打撃論、炎上覚悟でいけますか？

なみさんのQ&A Knock

ユーチューブチャンネルに寄せられた視聴者からの質問を
できるだけ「Yes or No」でコンパクトに打ち返します!
ここは打撃論の小ネタについて、いきましょう。

13 インコースでバッターをのけぞらせ、外角低め勝負は意味ある?

ピッチャーのコントロールがいい場合は「あまり意味がない」。バッターは予想できますから。ピッチャーのコントロールが悪い場合、次はどこに来るかわからないから有効かもしれません。いちばん効果的なのは、のけぞらせておいて、次もインハイにズバッと投げ込む配球でしょう。

14 審判のクセ、傾向はチーム内で情報共有したりするもの?

これはどの球団も「あり」でしょう。低めは甘いけど高めは厳しい。外は甘いけど内は厳しい。審判によって傾向があるため、ゲーム前もゲーム中も情報共有しています。

15 よく聞く「左右ジグザグ打線」、実際に意味があるの?

作戦の幅が広がるという意味で「あり」です。プロ野球は中継ぎピッチャーが充実していますが、ワンポイントで使われる「左キラー」もいます。ジグザグに打線を組んでおくと相手はワンポイントを出しにくいし、その後に左の代打を残しておけるメリットもあります。

16 ピッチャーとの駆け引きで「三味線を弾く」って、意識してやる?

プロでは「しゃみる」とも呼びますが、「あり」でしょう。ただ、最初から意識して「しゃみったろか」と思っているわけではなく、読みが外れたときに思い切りバットを振ると、相手は「狙ってたの?」と考えることもあり、結果的に「しゃみる」になる、かと。

17 打順によって、やりにくい・やりやすいってプロでもある?

「あり」です。実はぼく、プロ野球で4番以外は経験していますが、3番は、荷が重い。1番はある程度の脚力が求められるし、2番はいろいろ考えることがあって大変。ラクな気持ちで打席に入れたのは、6番、7番、8番でした。

18 試合前のバッティング練習、初球バントって何か意味があるの?

今浪クラスの選手なら「あり」です。試合で確実にバントを決められるように、初球、全集中でバントするのはとても大切なこと。クリーンナップを打つようなバッターが初球にバントをやるのは、たぶん「遊び」です(笑)。経験がないのでわかりませんが……。

7th Inning

なみさん、スーパースターではない今浪クラス選手のリアル、満を持していけますか？

7th Inning

「いけるけど、ちょいはずかしい……」

ユーチューブチャンネルの鉄板ネタともなっている「今浪クラス」シリーズ。スーパースターにはわからない、等身大で人間臭い内容がウケているようです。が、言葉がひとり歩きしているような気もするので、ここで改めて「今浪クラス」とは何かを明確にしておきます。自分のプロ野球人生を振り返って、いきましょう。

今浪クラスって何？　どんな選手が認定される？

最初に「今浪クラス」という言葉を使ったとき、**自虐的な要素がなかったといえば、ウソになります。**スーパースター、レジェンドクラスの元プロ野球選手にユーチューバーとして対抗していくには、**ぼくならではの引っかかりが欲しい。そう思ったところから生まれた「今浪クラス」ですが、どうも世間のイメージは偏っている**気がします。

ファイターズで1軍の試合に出場するようになった頃、**ぼくは守備固めが多かったこともあって、今浪クラス＝守備の人。**そんなふうに見られているようなのです。

でも、セカンドの守備はまあまあでも、ショートになるとあまり自信はなく、守備の人というのはちょっと違う……。1軍と2軍を行ったり来たりしている1軍半的な選手にも、いろんなタイプがいます。ぼくは複数の役割をこなす「ユーティリティプレーヤー」でしたが、そこには守備だけでなく、代打などバッティングでの貢献も含まれます。

イメージがひとり歩きしても仕方がないので、**ぼくの成績を基準に、今浪クラスの定義を明確にすることにしました。今浪隆博という元プロ野球選手に対する見方が、ちょっと変わるかもしれません（笑）**。以下、今浪クラスの定義です。

- **プロ野球（NPB）の在籍期間は「10年以上」。ぼくは「11年」でした。**
- **1軍の出場試合数は「400試合以上」。ぼくは「405試合」。**
- **通算打率は「2割5分以上」。ぼくは「2割6分1厘」。**
- **3ポジション以上守れる「ユーティリティプレーヤー」であること。**
- **最高年俸は「3000万円以上」。ぼくは「3000万円」でした。**

ぼくの成績をベースに規定したのですが、この数字を見て、どう感じるでしょうか。「ショボいな」と思う人がいても仕方ない。グサ～ッと刺さりますが、現実ですから。「意外に打ってるんだな」となる人がいたら、「そーやねん！」と、両手を強く握りしめてお礼を言いたいですね。

プロ野球に10年以上在籍して、2割5分以上の通算打率を残す選手は、決して多くありません。調べるとわかりますが、けっこう試合に出ていて、名前もよく知られた選手でも、通算打率は2割3分程度、というケースが多く、2割5分以上というのは案外ハードルが高いんです。**通算打率2割6分1厘は、ぼくの11年間のプロ野球人生のなかで、最も誇れる数字の1つです。**

ファイターズ時代は守備固めが多く、正直、打率は誇れるものではありませんでした。トレード前から打撃改造に取り組み、トレード後にそれが実を結び、**スワローズ時代に限れば2割8分くらいの打率を残しています。通算代打率は3割1分超え**です。

何が言いたいかというと、**今浪クラスは守備の人ではなく打つ人、バットでチームに貢献できる選手**であるということです。バリバリのレギュラークラス、準レギュラークラスを除いて、**1軍定着の当落線上にいる選手で、2割5分以上打っているのはレアケース**です。

ユーチューブチャンネルのコメントに、「○○選手は今浪クラスですか？」と、具体名が挙げられていました。成績を調べると、在籍年数、試合数、年俸はクリアしても、**通算打率で「今浪クラスの認定は差し上げられません」となる選手がほとんど**です。

今浪クラスはショボい、イマイチの代名詞ではなく、自分で言うものなんですが、実は意外に「打てる選手」です（笑）。

今浪隆博がライバル視していた今浪クラスの選手は？

現役時代はもちろん、「今浪クラス」なんて、これっぽっちも考えていませんでした。どうやったら試合に出られるか。1軍から声をかけてもらえるか。それだけ考えて野球に向き合っていましたが、**勝手にライバル視していた選手はいます。**プロ野球選手としてのキャラ、チーム内での立ち位置が「自分と同じくらいの選手」を見つけると、成績をチェックして、**あの選手に負けないように自分ももっとがんばらないと、と励みにしていました。ライバルというより、自分を鼓舞する存在です。**

名前をここで出すのはどうなのか、正直、ちょっと考えました。今浪ごときにライバル視されていたと知ったら、気分を悪くするんじゃないか、とか。でも、みなさんもう引退されています。ぼくの場合、引退後に自分の名前がどこかに載っていたり、誰かが話題にしていたりすると、純粋にうれしいので、思い切って**「今浪隆博がライバル視していた4人の選手」を明かしたいと思います。**

もし、お怒りになられたらごめんなさいと、最初にお断りした上で、いきましょう。比較のために、ぼくの1軍成績も簡単に示しておきます。

・今浪隆博
在籍11年、出場試合数405試合、通算打率2割6分1厘、本塁打3本、盗塁4。

・森岡良介さん
在籍13年、出場試合数557試合、通算打率2割4分1厘、本塁打7本、盗塁4。

ドラフト1位で中日ドラゴンズ（以下、ドラゴンズ）に入団、その後、スワローズに移籍。ぼくがファイターズ時代、2軍の試合で間近に見ていました。スワローズでは1軍で試合に出ることも多く、成績はかなりチェックしていた存在です。

・原拓也さん
在籍10年、出場試合数673試合、通算打率2割2分3厘、本塁打6本、盗塁2。

ぼくと同じ2006年のドラフトでライオンズから指名。その後オリックス・バッファローズ（以下、バッファローズ）へ。同じ内野手ということもあり、かなり気になる存在でした。

・下園辰哉さん

在籍11年、出場試合数656試合、通算打率2割6分3厘、本塁打16本、盗塁5。

この選手もドラフト同期。現在のベイスターズの4位指名だったと思います。バッティングのセンスが抜群で、身近な憧れでもあった選手。確か2016年シーズンは、ぼくと代打成績の上位を争っていたはずです。

・杉谷拳士さん

在籍14年、出場試合数777試合、通算打率2割1分2厘、本塁打16本、盗塁50。

ファイターズ時代の後輩、チームメイトで、ぼくがスワローズに移籍してから、勝手にライバル視していました。1軍に定着している印象が強いようですが、実は2軍にいる期間もけっこうありました。オフシーズンのメディア露出が多かったから、記録より記憶に残るタイプかもしれません。

打撃に関しては、打率も本塁打も下園選手がトップで、これは「やっぱり」という印象です。ぼくも打率はわずか2厘差ですから、けっこうがんばっています。あと、**杉谷選手以外は盗塁がえらく少ないんです。「今浪クラスは足では稼げないタイプ」**だったということです。もちろん、数字だけですべてを伝えられるわけではありませんが、彼らのような選手がいたから、ぼくもがんばって現役を続けられた。その意味では感謝しています。

ちなみに、2軍だけの成績を見ると、ぼくが2冠。ライバルを差し置いて2軍の帝王といえなくもないですが、この称号、決してありがたいものではありません……。

フィジカル最弱なのに、なぜ11年も現役を続けられたのか？

ぼくは11年間、プロ野球選手としてプレーしましたが、入団当初、こんなに続けられるなんてまったく思っていませんでした。「1年か、よくても2年でクビになるんちゃうか」が、正直なところでした。

そもそも、プロ野球に入る選手は、アスリートのなかでもトップクラスの身体能力の持ち主です。体のサイズも大きく、頑丈。身長170cmそこそこ、体重も70kgちょっとだったぼくから見れば、**みんな「化け物」**です。化け物集団に交じって、自分が選手生活を続けられるなんて、まあ、想像できませんでした。

結果的に11年続いたわけですが、以下、自分なりにその理由を考えてみます。

最初に浮かぶのはコスパの良さ、技術やフィジカルではなく経営の視点です。球団経営の予算には当然ながら上限があり、予算内で各選手と契約を結びます。ぼくの場合、1年目の年俸は720万円で、大卒ルーキーとしては安い方でした。振り返ると、この最初の年俸金額がけっこう重要だった気がします。

例えば、720万円の10％増と1200万円の10％増なら、前者のほうがコストとしては低い。それでいて、2人の選手の貢献度がそれほど変わらなかったとしたら、当落線上にあっても残りやすいのは前者、コスパの良い選手です。ぼくはそこそこ1軍に在籍できたシーズン、ケガで2軍が多かったシーズンが交互にあり、自慢できる話ではありませんが、年俸の上がり幅は大きくありませんでした。でも、コンディションが整っていれば、ある程度は戦力として計算できる……。**つまり、球団にとって「コスパの良い、使い勝手のいい選手」だった**ことが、11年間続けられた大きな理由だと思います。

ほかに2つの理由があり、決して自分を持ち上げるつもりはなく、この表現しか思いつかないので使わせていただきますが……。**まず、人間性。言い換えれば人柄**、です。これ、実はめちゃくちゃ重要なポイントで、「なんであの選手が戦力外に？」というケース、ありますよね。後で聞くと、プレー以外の要素、練習態度、素行、金銭問題……。背景に、何かしら問題があることが多かったようです。プロ野球選手は個人事業主でも優勝を目指すにはチームのまとまりも重要で、**和を乱すような選手は使いづらいでしょう**。ぼくには、そういう要素が少なかったのだと思います。

最後の1つが、**野球センスというか、ぼくの場合なら器用さ**となるでしょう。プロ野球で結果を残し続けるために**最も大切な要素は、実のところ野球センスではなく、圧倒的にフィジカル**です。シーズンを通して安定した成績を残すフィジカルがなければ、長くプロ野球選手でいることは、ほぼ無理です。

ぼくはフィジカル的には最弱クラスでしたが、**チームの要求にある程度の水準で応えられる器用さがあった**のかなと、自分なりに思います。主にセカンド、ショートでしたが、内野ならどこでもそつなくこなすプレーヤーでした。打つ方は、ホームランや長打は期待できなくても、チームバッティングで自分なりに貢献しようとしていたし、バントの成功率もそれなりに高かったはずです。

コスパの良さ、人間性または人柄、器用さを含めて、球団からすると使いやすい選手だった……。これが11年間続けられた理由です、たぶん。

今浪クラスが絶対的レギュラーからポジションを奪う可能性は?

今浪クラスの選手は、レギュラーではありません。もし、今浪クラスの選手が2軍で空前絶後の成績、打率8割5分とか、残したとしましょう。その場合、1軍の絶対的レギュラーからポジションを奪えるのか?

可能性はゼロではありませんが、限りなくゼロに近い、というのが現実です。**2軍ですごい成績を残したからといって、簡単に同じ土俵に立てるとは考えないほうがいいでしょう。**

例えば、ショートの選手が2軍ですごい成績を残し、1軍に上がったとします。でも同じポジションには絶対的レギュラーがいて、しかも、まだ20代と若い。**その場合、ショートでスタメン出場できるチャンスは、ほぼありません。**レギュラーの休養日に使われるくらい。そこでファインプレーをしても、猛打賞でも、**次の日はレギュラーがスタメン**です……。そういう世界です。

では、**2軍から上がったショートの選手はどう考えるかというと「試合に出られるなら、ポジションはどこでもいい」**です。もし、セカンドがベテランで、バッティングにも衰えが見られるなら、**「自分、セカンドでもいけますよ!」と猛アピールする**でしょう。プロの世界、1軍で試合に出ないことには話になりませんから。

絶対的レギュラーがいるショートにこだわるより、自分が生き残るにはどうすればいいかを考えます。そもそも野手の場合、このポジションじゃなきゃ絶対にイヤだ! とこだわる人は、意外に少ないものです。

キャッチャーがいい例で、内野手、外野手と違って試合に出られるのは1人です。スワローズの古田敦也さんのような絶対的存在がいた場合、取って代わるのは相当難しいでしょう。ただ、キャッチャーには、アマチュア時代に3、4、5番を打っていた選手も多く、打力には自信がある人も大勢います。打力を生かすために、外野手や内野手にコンバートされるケースもありますが、これはチームにも、本人にもいい話です。

一部のスーパースターを除くと、プロに入った時点で、自分の現在地を意外と冷静に見ていると思います。この世界で稼ぐにはどうすればいいか。現実的に考え、自分が最もやれそうな選択肢を見つけ出すのが、プロ生活を長く続ける秘訣といえるでしょう。

ぼくの場合、フィジカルの弱さは重々承知していたので、まともにやっても勝ち目はないと思っていました。どんな形でもチームに貢献できればいいと考え、結果的にユーティリティプレーヤーとしての立ち位置で、11年間続けられました。自分でも驚きだし、まわりから「なみ、お前がこんなにやれるとはなあ」と言われることもありました。**もしポジションにこだわっていたら、そこまでは続けられなかったと思います。**

今浪クラスの選手は、どれくらい顔バレする?

有名なプロ野球選手は、例えばオフの日にプライベートで食事をしていても、「あ、〇〇や」と、顔バレするでしょう。では、今浪クラスの場合はどうでしょう。毎日試合に出るわけではなく、メディア露出も少ない。あんまり顔バレしないのでは？　そう思う人が多いはずです。

すいません、期待を裏切りますが、顔バレ、めちゃくちゃありました。試合の後、食事をしていると「今浪さんですよね」と声をかけられたり、「おい、あれ今浪だよな」と、遠くでヒソヒソしている人がいたり……。びっくりするほどありました！　**ただ、これには注釈があって「ファイターズ時代は」です。札幌では特に多かったですね。**

これ、地方に本拠地があるチームの選手は、みんな経験しているんじゃないでしょうか。**各球団の今浪クラスの選手も、地元ではかなり顔バレして、声がけもされていると思います。**ファンと選手の距離が近いというか、認知されているのは個人的にはとてもうれしかったです。

スワローズに移籍してからはどうかというと、これはゼロ。試合の後で食事をしていても、声をかけられたりすることはありませんでした。東京だと、プロ野球選手も、芸能人も珍しくないのでしょう。それに東京の人はクールで、たとえ気づいても、あえて声をかけたりはしないのかもしれません。

スワローズにいた頃より、**ユーチューブを始めてからのほうが「あ、今浪や」と気づかれ**

ることは増えた気がします。「いつも見てますよ」「応援してます」と声をかけてもらえたら、めちゃくちゃうれしい。ファンあっての存在なのは、プロ野球選手もユーチューバーも一緒ですね。

今浪クラスの選手でも、WBCの影響がある?

今浪クラスの選手は、オールスターゲームのように華やかな舞台とはあまり縁がありません。期間中は休みになるので、それを楽しみにしているくらいです。野球の世界的な祭典である**WBC（ワールド・ベースボール・クラシック）となると、もう別の惑星の出来事か、というほど縁遠いかと思いきや、実はみなさんの知らないところで影響を受けたりします。**

WBCの開催は3月、日本のプロ野球のシーズン前です。2月はどの球団もキャンプ中ですが、WBCのメンバーに選ばれている選手は、まず自分の所属するチームで練習を始めます。

WBCに出場するピッチャーがいる場合、練習でも、練習試合でも、使うのはWBCの公式球。日本のプロ野球のボールとは違うといわれますが、これ、本当にぜんぜん違います。

滑って投げにくいという声、あれは本当で、めちゃくちゃすべります。ゴムのボールと革のボールくらい、違いますすから。

日本の公式球は、表面がしっとりしていて縫い目がやわらかく、指にかかりやすいのですが、WBCの公式球は表面が乾燥してツルッツルで、縫い目が硬くて盛り上がっているような感覚があります。

慣れないと、とにかく扱いにくいボールです。ツルッツルにすべるから、キャッチボールですら気を遣うくらい。

練習試合で、最初は日本の公式球を使っていても、WBCメンバーのピッチャーが登板すると、そこだけWBCの公式球になります。これ、守ってるほうからしたら、めちゃくちゃイヤです。

シーズン前で、こっちは首脳陣にいいとこ見せたいのに、いきなりツルッツルのボールを扱うと、すべりすぎて**簡単なスローイングでもすっぽ抜けそうな恐怖感がぼくはありました。**ミスしたら「なみ、何やってんねん」となるし、あれは本当にイヤでしたね。

WBCの公式球の話は、ピッチャー目線で多く取り上げられますが、実は野手への影響も大きいんです。**誰も注目してくれませんが、1軍に残る当落線上にいる今浪クラスのような野手にとっても大きな問題なのだと、この場で強調しておきたい**と思います。

今浪クラスだと、野球教室のギャラってどれくらい？

シーズンオフに開催される野球教室は、主催者からの問い合わせを受け、球団から選手が派遣される、という流れが一般的です。どんな基準で選手が選ばれるかというと、ここには2つのパターンがあります。

パターンAは自己申告型です。「○月○日、○○で野球教室が開催されます。参加希望の方は申告してください」と、球団からお知らせがあり、希望者は自分から手を上げます。

パターンBは指名型で、選手を特定して、「○月○日、○○で開催される野球教室に参加してもらえませんか？」と球団から直接、選手に打診があります。主催者が選手を指定する場合と、球団が選抜する場合があります。

自己申告型の場合、今浪クラスの選手でも参加は自由です。ぼくは何回か、自分で手を上げて参加したことがあります。理由は、ぶっちゃけ、お小遣い稼ぎです。募集するときにギャラも明示されますが、**だいたい、2、3時間の野球教室で6～8万円が多かった**と思います。**時給にしたら、めっちゃいい**でしょう。オフシーズンにはゴルフに誘われることも多いから、「これで2回はゴルフに行けるな」と（笑）。

野球教室には、選手がユニフォームで参加しているパターンと、ジャージで参加している

パターンがあり、あれ、ギャラがぜんぜん違います。12月、1月は契約期間外になるため、選手は球団支給のユニフォームなどを着用できません。選手がユニフォームで参加しているということは、開催に球団も関わっている野球教室であり、ギャラもいいんです。指名された選手の場合、**2、3時間の拘束で15～20万円**くらいです。

シーズンオフは疲れを癒やし、体をケアするために休むのが基本ですが、野球教室、トークショーなどイベントに参加できるのは、楽しみでもあります。認められている証でもあり、ファンとふれあい、よろこんでもらえる。プロ野球選手冥利に尽きる、と言えるでしょう。それに加えての臨時収入。今浪クラスの選手にはとてもありがたいのです。

今浪クラスの愛車遍歴、やるときはやる？

プロ野球選手が乗るクルマのイメージといえば、きっと高級外車でしょう。庶民とは違う、スター的なカーライフを期待するのでしょうね、1軍に定着しているレギュラークラスの選手には。では、今浪クラスの選手は？ プロ野球選手にはクルマ好きが多いので、みんな、若くてもけっこういいクルマに乗っているものです。ぼくも現役時代、何台か乗り継いでいたので、ここで愛車遍歴を披露しておこうと思います。

プロ入りして最初に買ったのは、トヨタの『セルシオ』でした。時代を感じますが、当時の国産高級車ではトップクラスの人気車。「いつかはセルシオ」かと思いきや、実はぜんぜん違い、欲しい外車が別にあったのです。当時のファイターズの寮には「新人は1年間外車禁止」という決まりがあり、買えなかった。

でも1年経ったら買える。じゃあ1年後に高く売れるクルマは何だと考えて、それが『セルシオ』だったという次第。というわけで、**インチアップ、ローダウン、フルエアロの『セルシオ』に1年乗りました。**

そして**2年目、いよいよ欲しいクルマを買ったかというと、買えなかった。**ぼくのクルマ選びは中古車が基本で、『セルシオ』もそうでした。欲しい外車も中古車で探したものの見つけられず、**でも外車には乗りたかったので、メルセデス・ベンツの『SL500』**。ツーシーターのオープンカーに乗り換えます。ルーフは電動で開閉するタイプで、走っていて気持ちのいいクルマでした。これに1年乗りました。

そして3年目、ようやっと欲しかったクルマが手に入ります。クライスラーの『300C』。アメ車のセダンですが、デザインがゴツゴツカクカクしていて、とにかくかっこよかった。これは気に入って3年くらい乗りましたね。**確かアルミホイールは22インチ、ギリッギリまでローダウンして、エアロパーツを含めたカスタム仕様……。決してヤン車ではなく大人の**

セダンです、ぼく的には。

4台目はアウディ『A5』のスポーツバックです。クーペボディのデザインなのに、4ドアのセダンで、とにかくデザインが美しく、かっこよかった。ひと目ぼれ、といってもいいでしょう。**これも当然、インチアップにローダウンした大人のセダンです。**

この頃、家族のためにホンダの『フリード』というクルマを買い、2台持ちの時期がありました。

5台目はスワローズに移籍してから。2軍の球場の近くの中古車販売店に気になるモデルがあって、フラッと入って話を聞いて、そのまま買っちゃいました。**シボレーの『キャプティバ』、当時は珍しかった7人乗りのSUVで、これもやはり20インチに……。**

現役時代の愛車遍歴は以上です。中古とはいえ、短いサイクルで乗り換えていて、今浪クラスも、やるときはやります。**でもタネ明かしをすると、ぼくの実家は自動車販売業で、シボレー以外は実家のほうで探してもらっていました。**

料金もほぼ仕入れ値だから、想像するほど高くありません。**それにベンツの『SL500』、実は母親のもので「あんた、クルマが見つからないなら、しばらくこれ乗っとき」と渡されたものでした。**まわりは「あいつ、またクルマ変えよる」と思っていたかもしれませんが、そんなウラがあったと、ここで明かしておきます。

今浪クラスの腕時計遍歴、260万円をポンッと？

愛車遍歴に続いて、次は腕時計遍歴を。プロ野球選手には腕時計好きも多く、けっこうお高い腕時計をコレクションしている選手もいます。今浪クラスはどうなのか。ぼくの場合、現役時代に合計3つの腕時計を購入しました。

1本目はプロに入って最初のキャンプから帰り、すぐに買ったパネライの『ルミノールマリーナ』。これ、実は中学生の頃から欲しかった時計でした。近所の釣具屋の店員がつけてて、かっこええなと思ってたら、「パネライって言うんだよ」と……。

それからずっと頭にあって、プロ入りが決まったとき、契約金で絶対にこれを買うと決めてました。**値段は100万円くらいでした。はじめてつけたときは、めちゃくちゃうれしかった**ですね。

2本目はメカニケ・ヴェローチの、モデル名はわかりません。遠征で広島に行ったとき、フラッと入った時計屋で見つけて、デザインにひと目ぼれです。値段は確か60万円くらいで、その場では「う～ん」と、ちょっと考えて諦めたんですね。その1年後、**福岡の実家近くの質屋の前を通ったら、ショーケースにまったく同じ時計があって、値段を見たら16万円！**　即買いしました。

3本目はオーデマ ピゲの『ロイヤルオーククロノグラフ』。これは引退すると決めたとき、11年間がんばった自分へのご褒美として買いました。ただ、引退後は収入が減るだろうから、予算は100万円。別の時計を買うつもりでショップに行ったら、この時計と出会い、「これや！」とビビッときました。**値段は260万円。予算はかなりオーバーしてしまいましたが、「今しか買えへん」と、思い切って購入**しました。**現役の最後にいい買い物ができた**と思います。

引退を発表した後で、仲の良い後輩選手たちがお疲れ様会を開いてくれて、買ったばかりのオーデマピゲをつけていきました。でも、誰も突っ込んでくれない、なんでだろうと、シビレを切らして「これな」と見せたら……。**「なみさん、上のやつ持ってます」「金文字盤のやつあります」って、ぼくのより高いモデルをもっているヤツがけっこういたという……。**

今も欲しい時計があって、それは「アップル ウォッチ」。知り合いに話したら「買えばええやん」、ですが、引退してからは金銭感覚がかなり慎重になっているため、なかなか決断ができなくて……。もし、**ユーチューブチャンネルの登録者が10万人になり、銀の盾をもらえたら、記念に買ってもいいかなと思っています（笑）。**

なので、みなさん、応援よろしくお願いします！

今浪クラスの選手は、引退後に備えて何をしておくべき？

引退後、レギュラークラスの選手なら、指導者だったり解説者だったり、何らかの形で野球に関われるでしょう。でも、今浪クラスは？ **心配はごもっともですが、実はみなさんが想像している以上に、声がけはあります。**ぼくの場合、引退を発表してすぐ、**ある球団から「スタッフとして働かないか」と誘われました。**めちゃくちゃうれしかったですね。**解説の仕事も、スポットではありますが、定期的にオファーをいただいています。**「うちの会社で働きませんか」と、**声をかけてくれた一般企業も複数ありました。**

そんな経験を踏まえて、**現役でやっている今浪クラスの選手たちにアドバイスがあるとしたら、「今を生きる」です。**引退後のことを考える時間があるなら、ひたむきに、がむしゃらに練習したほうがいい。**結果を出す、1軍に上がる、それだけを目指し、余計なことは考えないで野球に取り組むべき**です。その結果、1軍に定着して、レギュラーになれる可能性もゼロではありません。レギュラーには届かなくても、**年俸を上げていけばセカンドキャリアを考えるときに金銭的、時間的な余裕ができ、選択肢が広がる**でしょう。

大切なのは、自分がやろうと決めたことを、しっかりやり切ることです。これは野球だけでなくどんな仕事でも一緒です。**プロの世界で「やり切った」と自信を持って言えれば、**

引退して別の仕事をやることになっても、やり切れるはずです。

現役の間は野球に没頭しますが、**貯金はしっかりしておいたほうがいい**と思います。今浪クラスだと、引退後に金銭面でシビアな現実に直面する可能性も高いので、お金を残せるに越したことはありません。**あとは資産運用……**。ぼくは現役の頃、やっていませんでしたが「やっておけばよかった」とつくづく思います。**貯金と資産運用の二段構えで、経済的な面で引退後に備えておけば、かなり余裕をもって考えられるようになります。**

もう一つ、プロ野球選手は子どもの頃から野球漬けで、「野球しか知らない」という人も大勢います。いい意味なら「純粋」ですが、「世間知らず」とも言えます。引退後、世間知らずでは判断を間違えるかもしれないし、コロッとだまされるかもしれません。そうならないために、現役時代から多くの人と会うことを意識してほしいと思いますね。

人に会うと、知識や経験を吸収できるし、野球コミュニティ以外の世界について、知ることもできます。**誘われたら出かけてみる、できれば野球関係者以外の人の話を聞く……**。若い頃は面倒に思えるでしょうが、意識しているとしていないとでは、キャリア後半から引退後の考え方の幅が、間違いなく変わります。

最後に、らしくないというか「ちょっといい話」をしてしまいましたが、**すべての今浪クラスの選手にエールを贈り**、この章は締めさせていただきましょう。

Another Angle 4

初めてのお立ち台で気づいたファンサービスの重要さ

ファンあってのプロ野球と言いますが、入団当時は、そんなふうに考えられませんでした。「ドラフト7位の選手にファンなんていないだろう」と思っていたし、そもそもが人見知り。たまにサインを求められても、不愛想にしか対応できない、感じの悪いプロ野球選手だったはずです。

意識が変わったのは、入団4年目で立った初めてのお立ち台。決勝タイムリーについて聞かれ、ただのヒットだったのに「ちょっと詰まったけどスタンドまで届いてくれてよかった」とボケたら、スタンドが大爆笑。みんなが笑ってる様子を見て「これもプロ野球選手の役目なんだ」と思えたんです。

自分がどうではなく、プレーやサービスでよろこんでもらって、それを自分のよろこびにする。そう考えるようになってからは、ファンと自然に接することができたし、感謝できるようにもなりました。

ファンは選手をより応援してくれるようになりますし、選手はその応援をもらうことで、自分の力が引き出され、成績にもつながっていきます。

プロは結果で示せばいいというのは、その通りですが、プロ野球選手は野球を職業としているわけですから、ファンによろんでもらうのも大事な仕事であって、ただ野球がうまければいいというのは、本当の意味でのプロではないと思います。あのお立ち台は、プロとは何かを意識するきっかけにもなった気がします。

8th Inning

なみさん、
素人には「謎」な野球界の常識、
ジンクス、解説者ワード……。
わかりやすくいけますか？

8th Inning

「いけるんちゃうかな？」

プロ野球中継の解説で、解説者がシレッと使う専門用語、業界用語があります。みなさんが信じて疑わない常識的な言いまわしもあります。でもなかには、現場感覚との間にちょっとしたズレのあるものも……。したり顔で見当違いの話をしなくて済むよう、常識、業界用語、ジンクスなどをひも解いて、いきましょう。

野球の練習で「走り込み」には意味がある？

これは、**条件つきで意味がある**、です。どういう条件かというと、**学生野球のチームがイベント的に行うならいい**のではないでしょうか。学生野球の場合、大切にしたいのはチームワークです。全員で長距離を走ると、どうしても遅れる人が出てきますが、それを励ましたり、みんなでサポートしたりすることで助け合いの精神が生まれ、チームの一体感を高められるなら、ありでしょう。**みんなでしんどい経験をして、それを乗り越えられれば自信にもなる**はずです。ただ、あくまでもイベント的に行うのが条件で、毎日、陸上の長距離選手のような走り込みを行うのは賛成できないですね。

そもそも、**プロ野球の練習に長距離の走り込みはありません。**理由はたぶん、長い距離を走ったから野球がうまくなるわけではないから、でしょう。例えば、ピッチャーがピッチングに必要な体力、筋力を鍛えるには、長距離走で心肺機能を高めるのではなく、もっと合理的なトレーニングがあるので、そちらをやったほうがいい。まとめると、学生野球でチームワークを高めるイベントとしてならありですが、プロ野球では効率よく鍛えるトレーニング方法が確立しているため、ただ長距離を走るのは意味がないと、ぼくは思います。

ピッチャーのボールが「キレてる」って、どういうこと？

「いやぁ～、ボールがキレてますねぇ」。野球中継を見ていると、よく、解説の方がこんな話をします。試合後のバッターのコメントでも「キレッキレでどうにもあかんかった」と、相手ピッチャーの出来の良さを語るものがあります。それを見聞きして、「なるほどね」と納得するプロ野球ファンも多いでしょう。でも「そもそも、ボールのキレって何？」と問われたら、どうでしょうか。

なんとなくのニュアンスで「わかったつもり」でいても、改めて問われると「……」、うまい表現が見当たらないはずです。理論派というか、理屈を語るのが好きな人なら**「それはボールの回転がエグい、ということではないか」**となるかもしれません。つまりスピンがハンパなく、バッターの手元でギュイ～ンと伸びてくる……。なるほど、イメージしやすい気もしますが、ぼくが説明するとしたらキレとは**「ギャップ」**です。無理やり日本語にすれば「差異」「食い違い」でしょうか。キレてるボールに対して、バッターはだいたい詰まったり、差し込まれたりします。なぜそうなるかというと、ピッチャーのフォームから想像するボールと、実際に投げるボールの間にギャップがあるから。

バッターは経験上、ピッチャーのフォームを見て「こんなボールが来る」と、予測しています。**力感のない、ゆったりしたフォームから、ビュインッと時速150㎞のストレートを投げられると、想像を上回るから詰まったり、差し込まれたりします。**

同じ時速150㎞でも、いかにもスピードボールを投げそうなフォームからなら、プロのバッターは対応できます。想像の範囲内ですから。でも例えば、**小学生がぎこちないフォームから時速150㎞のストレートを投げたら、「なんでそんなボールが来んねん!」と、想像をはるかに超えたボールなのでたぶん対応できません。**

ゲーム中盤まで相手打線を完璧に抑えていたピッチャーが、球速が落ちたわけでもないのに、終盤につかまるケースとかよくありますよね。**これも中盤まではバッターの想像を超えるボールを投げていた、つまりギャップがあった**んだと思います。回を重ね、疲労がたまってくると、フォームのバランスが崩れ、球速を落とさないように力も入ります。**すると、同じ球速でもバッターはギャップを感じなくなる……。つまりキレがなくなり、想像の範囲内で対応できるようになるから、とらえられる**のでしょう。

対戦したピッチャーで、すごいキレを感じたのは、バッファローズ時代の金子千尋さんですね。ゆった〜りしたフォームから、ストレートがズド〜ン！ **こっちはタイミングを取って右足を着いたら、ボールはもうキャッチーミットに収まってるような感覚**でした。マジで漫画の世界です。全盛期のボールは、本当にえげつなかった。対戦経験はありませんが、ドラゴンズの山本昌さんのストレートも、似たような感じだったのでしょう。

変化球の「キレ」についても、ぼくの感覚ではやはりギャップです。変化がすごく大きいというのも1つのギャップですが、どんなに曲がり幅が大きくても、球種がわかればプロのバッターは対応できます。ここもやはりフォームで、**ストレートと同じ腕の振り、力感で投げたボールが、手元でギャイン ッと曲がれば、これは予想できません**。大きなギャップが生まれるため「キレがいい」となります。

ボールのキレの話になったら、「あれって、バッターが持つイメージと現実のギャップやねん」。そんなふうに使うと、なんか野球通っぽいかもしれません。その際は「今浪が言ってた」と、ぜひ添えていただければ（笑）。

「重いボール」って、バッターはどう感じている？

「キレ」と同じくらい、よく使うのが「重い」です。ほんとに重く感じるのか？　**「あ〜、このピッチャーのボールは重いなあ」と打席で感じたこと、ぼくはぶっちゃけ、ありません。**よく、回転数が関係しているのかも、という話をする人がいますが、それは物理的にほぼ関係なく、あっても微々たるもののはずです。

想像ですが、たぶん表現の仕方の問題だと思います。**「今のボールは重かった」という場合、打球はファールか、ボテボテのゴロか、ポップフライ……。つまり、芯を外されているか、詰まらされているわけで、それを「重い」と感じる人がいれば、「外された」「詰まった」と感じる人もいます。ぼくは後者でした。**

そもそも、バットの芯でバチンッとボールをとらえると、スコーンッと抜けていく感覚があります。芯を外れると、何かしらの手応えというか、違和感のようなものは残ります。**詰まらされるボールは、初速と終速の差が小さい**はずです。バッターは想像以上に手元まで刺し込まれ、芯を外されるためファールになったり、力のない打球が前に飛んだりします。

ここにもイメージと現実のギャップがあります。

ピッチャーに対して抱く先入観も関係するかもしれません。「ボールが重そう」と表現されるピッチャーは、幹が太くがっちりした体型の方が多い気がします。見るからに重いボールを投げそうなタイプです。対して、例えばマリーンズの佐々木朗希投手はどうでしょう。スリムで、しなやかで、**重さより速さの印象が先に来ます**。でもどっちも、芯を外されたら違和感、重さを感じるのです。

重いボールは感じ方、表現の仕方次第。これがぼくの答えですが、どうでしょうか。

「コースに投げ切ったら正面に飛ぶ」って本当?

バッターが鋭い打球を飛ばしたものの、野手の正面をついてアウト! 野球ではよくあるシーンで、解説の人は「コースに投げ切ったから野手の正面に飛びましたね」と語ったりします。当たり前のように聞き流している人も多いと思いますが、コースに投げ切ったら、打球は野手の正面に飛んでいくものなんでしょうか。

これは、**本当の話で、多くの場合、偶然ではなく必然**だとぼくは思います。

守っている野手はキャッチャーがピッチャーに出すサインを理解しているし、どのコースに構えたのかもわかります。すると、打球の方向をある程度予測できます。打席には右バッターで、サインはアウトコース低めのストレートだったとしましょう。ぼくがショートを守っていたら、3遊間ではなく2遊間に意識を置きます。

ピッチャーがサイン通りのボールをアウトコース低めに投げ切れば、2遊間、1・2塁間のゴロ、またはセカンド、ライト方向の打球になる可能性が高くなります。野手はそれを予測しているし、無意識に重心を少し移動していれば、一歩目を素早く切れます。結果、いい当たりでも、野手は正面でさばけるようになるわけです。

これは、サインがアウトコースの速い球の場合によくあるケースです。サインがインコースだと、3遊間、またはボテボテのゴロを意識しますが、バッターによっては2遊間へ飛ぶこともあるため、バッターのタイプ、データを頭に入れながら守ります。どちらの場合も、**ピッチャーがコースに投げ切ってくれれば、野手は守りやすし、いい当たりをアウトにできる確率も高まる**でしょう。**逆に、右バッターがアウトコース低めを3遊間に引っ張ったり、インコース低めを1・2塁間に流したりすると、野手の想像の逆をいくため、当たりは悪くてもヒットになるケースが多々あります。**

ちなみに、守備のシフトは、バッターの打球傾向のデータにもとづいて決めるため、打球方向の傾向がはっきりと出ているバッターの場合、キャッチャーがアウトコースに構えたからといって、シフトを変えることはありません。引っ張る人は、外のボールでも徹底して引っ張りますから。

では、ピッチャーが投げ切れずに甘いボールになったら？　この場合、プロのバッターなら打球方向を操作する余裕が生まれます。野手の予測は通用しなくなるため、ヒットになりやすくなります。そんな傾向を頭に入れての野球観戦も、おもしろいと思いますよ。

どうして「逆球だから打たれた」と言われる？

逆球、キャッチャーの構えとは逆に来たボール、という意味ですが、バッターには逆球だったかなんて、わかりません。「逆玉だから芯でとらえられた」なんて話も、聞いたことがないはずです。それなのに「逆球は打たれやすい」と、まことしやかに語られるのはなぜでしょうか。

あくまでもぼくの考えですが、逆球だからすべて危ない、というわけではないと思います。例えば**危ないのは、右ピッチャーが右バッターのアウトコースを狙ったボールが真ん中からインコース寄りに行ったときで、打たれている逆球のほとんどは、このパターンのはず**

です。インコースを狙ってアウトコースに行ったボールも逆球ですが、これが痛打されるケースはあまりない。

ポイントは「抜け球かどうか」です。アウトコースを狙いながらインコースに行ったボールは、多くの場合、**指にかかっていないため勢いがなく、フワッと高めに浮きがちになります。**バッターにとっての打ちごろの球になるので、この逆球は危ないわけです。

インコースを狙ってアウトコースに行ったボールも逆球ですが、こっちは指にガシッとかかりすぎているので、力のある球になるため打たれにくいんです。この場合の逆球は、特に危ないわけではありません。逆球にも2つの種類があるのは、あまり気づかないポイントだと思うので、ぜひドヤ顔のネタに使ってください。

もう一つ、ネタを……。**プロ野球には「逆球はボール」という言葉があります。**キャッチャーがアウトコースに構えていたのに、逆球がインコース低めギリギリへ……。**映像だと「入っとるやろ」という場面でも、審判は「ボール」と判定することが多い**、というわけです。よく見かけるシーンですよね。「プロなら狙ったところに投げんかい」という審判のお叱りのようにも感じてしまいますが、それだとルールが変っちゃいますね。

正確な理由はわかりませんが、**ぼくの考えではキャッチャーが構えたコースに審判も目付しているから、「え?」と、一瞬戸惑うのかもしれません。また、逆球を捕球するキャッ**

チャーの動きは大きくなりがちなので、コースを外れていると判断されるのかも……。これはあくまで私見です。そういう見方もあるな、くらいに受け取ってもらえれば……。

解説者が使う「C打球」ってどんな打球？

続いて、バッターまわりで常識として使われる言い回し、用語について。

最初は「C打球」。解説者が「今の当たりはC打球だから、バッテリーは気にする必要ありません」と言ったりします。気にするなといわれても、一般の方はそれが何を指すのかわからないでしょうから、気になりますよね。少し補足しておきましょう。

プロの世界では、打球をA、B、Cのアルファベットで表すことがよくあります。ぼくは大学時代までは知らず、プロに入って初めて聞きました。プロの世界では当たり前に使われているので、「プロはこういう表現をするんだ」と、思った覚えがあります。それぞれ何をあらわすかというと、こんな感じです。

A打球　完璧にとらえた極上の打球。ホームラン、すごく良い当たりのヒットを指します。
B打球　良い当たりだけど、完璧、すごく良いという感じではないときに使います。

C打球　先っぽだったり詰まったり、芯でとらえられなかった当たりを指します。

試合前のミーティングでは、各バッターの傾向を分析するときに使っていました。「この右バッターはレフトにA打球が多い」となれば、引っ張り型のプルヒッターなので、それに合わせた守備位置になります。逆に、右バッターでも「ライトにA打球が多い」なら、流し打ちが得意なので、配球も守備位置もそれに合わせる。

試合中も、バッテリーは「さっきのはC打球だから気にするな。攻め方は間違ってない」と確認しています。冒頭の解説者の言葉は正解だったわけです。

ただ、A打球は文句なしにえげつない当たりなのでわかりやすいのですが、ほかは判断に迷うこともあります。良い当たりで3遊間を抜けた場合は、AなのかBなのか？　この場合、**打球の角度も問題で、いい角度で外野までライナー性の当たりを飛ばしていればA打球**、良い当たりでも、ゴロならB打球……このへんの判断はデータを収集する人によります。

低めの変化球をうまくすくい上げてレフト前にヒットを打ったとします。これは、バッターがうまく打ったB打球です。では、ボテボテのゴロで内野安打は？　もちろんC打球です。どちらも、バッテリーの攻め方について、ヒットは打たれていても「配球は間違っていない」と評価されるでしょう。

被安打数だけでなく、その内訳をA打球、B打球、C打球に分解すると、ピッチャーの調子はどうなのか、みなさんでも見抜けるかもしれません。

「バットコントロールがうまい選手」って、どんな選手？

「この選手はバットコントロールがうまい」。こんな話もよく聞きます。でも、バットコントロールが具体的に何を指すのか、理解していない人も多いはずです。三振が少ないとか、ファールで逃げるのがうまいとか、それをバットコントロールだと思うこともあるようですが、ぼくの感覚だと違います。「ボールにバットを当てるのがうまい」と「バットコントロールがうまい」は、別ものです。

バットコントロールとは「バットの面」を管理する技術のことです。インパクトでボールとぶつかる場所が面で、**面の向きを意識的にコントロールできる人が、ぼくが思う「バットコントロールのうまい人」になります。**

例えば、右バッターがインコースのボールを振りにいって、詰まってサードゴロだったとします。面の管理ができず差し込まれた場合、普通はこうなります。しかし、センター方向、場合によってはライト方向に打球を飛ばすことができれば、これは面の管理ができていると言えます。面の管理ができていると、アウトコースをセンター方向に打ち返したり、引っ張ったりできます。

では、面の管理、いわゆるバットコントロールがうまいと、どんなメリットがあるのか。野手は、キャッチャーのサインを見ながら、打球の方向を予測する、と言いました。**バットコントロールがうまい人は、野手の予想とは違う方向に打球を飛ばせるようになります。**予想と違うと、野手の反応は少し遅れるので、結果、ヒットになる可能性が高まります。つまり、バットコントロールのうまさは打率に大きく関わります。首位打者を狙うようなバッターは、「そのボールをそっちに？」というバッティングをしますが、これこそ面の管理がうまい証拠のようなものです。

ヒットになりやすいゾーンに打球を飛ばすため、バットコントロールは必要です。**ホームランバッターの場合、そもそもパワーがケタ違いなので、あまり意識していないと思います。**ぼくのように非力なバッターは、野手の間に打球を飛ばさないことには勝負できないため、バットコントロールを必死に磨きました。練習のときから、アウトコースのボールを引っ張ったり、インコースのボールをレフト方向に飛ばしたり、バットの面を意識しながら打ち込んでいましたね。

「バットを振り切ったからポテンヒットになった」は本当？

これもよく聞きます。「なるほど」と、素直に思う人がいる一方で、「たまたまじゃないの？」と、突っ込みたくなる人もいるでしょう。フラフラ〜と上がった打球が、内野と外野の間に落ちてポテンヒット。振り切ることと関係あるのか？

これは、あります。正確にいうと、振り切ったほうがポテンヒットは生まれやすく、その説明もけっこう合理的にできます。ポイントは野手の反応です。

野手はキャッチャーのサインで打球を予測すると言いましたが、**バッターのスイングも判断材料にしています。**当てにいくようなスイングの場合、弱いゴロか、弱いフライと野手は予想できるため、対応は難しくありません。でも、**バッターが思い切って振り切った場合、野手の反応は一歩遅れます。**これは長年の経験でしみ込んだもので、無意識の反応です。特に外野手は遅れやすいと思います。

フライが上がったとき、バッターが振り切っていると動き出しがワンテンポ遅れます。次の瞬間、意外に浅いフライだと気づき、勢いよく走りだすわけですが、**出足が遅れた分、間に合わずポテンヒットになってしまう……。これが「バッターは振り切ったからポテンヒットになった」の背景**です。たぶん、こういうことじゃないかと思います。

マジで？　軽いバットのトレンドは、なみさんが生みの親!?

プロ野球選手が使うバットにはトレンドがあります。例えば重さ。昔の選手だと、阪急ブレーブスの福本豊さん、近鉄バッファローズの大石大二郎さんなど、「小柄な選手ほど重いバットを使う」のが、当たり前のように言われていた時期もあったようです。ぼくがプロ入りした2007年以降でも、重くなったり軽くなったり、トレンドがありました。

入団した頃は、900gのバットが主流でした。メーカーにお願いすると10本、20本まとめて用意してくれますが、厳密にいうと、木製バットの重さは1本ずつ微妙に違います。900g、901g、902gなどとあって、メーカーが重量を測って書いておいてくれます。それを何本か試して、感触がいいものを試合で使っていました。

2010年を過ぎる頃から、トレンドはやや重めへと傾きました。重量にすると910g、920gとか……。どういうきっかけでトレンドが生まれるのかというと、とても良い成績を残しているバッターが使っているバットがトレンドになります。ほかの選手は気になるので、もし重めのバットを使って結果を出していたら「オレも試してみよう」となって、そこから広がったりするのです。

2015年頃から潮目が変わって、また軽めのバットがトレンドになります。重量は90

0gを切って、890g、880gが主流に。これは今も続いているはずです。

実はそれ以前の、**重めのバットがトレンドだった頃から、ぼくは890g、さらに軽い880gのバットを使い始めていました。**

1月の自主トレをホークスの柳田悠岐選手と一緒にやっていた時期がありました。ある年、ぼくがバッティング練習していたら、柳田選手が「なみさん、ちょっとバット貸してもらえませんか」と。まだ**重めのバットがトレンドの頃で、ぼくの軽いバットは異端だった**ともいえます。そこに興味を持ったのか、柳田選手がぼくのバットで打ってみると、「これ、軽くてめっちゃいいじゃないですか」となりました。

この先は裏を取ってないので、それを承知で読んでいただきたいのですが、柳田選手が軽いバットを使い始めたのはその後で、当然、ガンガン打ちます。すると、「**ギータ（柳田選手）が軽いバットに変えたらしい**」といううわさが広がって、今の軽いバットのトレンドができた……と。エラそうに言うつもりは、これっぽっちもありません。ただ、そんなふうに言えないこともないかと……。

それまで、ぼくの軽いバットを「なみさん、これ、オモチャですか」と笑っていた選手たちも、次々に軽いバットに変えていったのは、見ていておもしろかったですね（笑）。

前述したように、裏は取っていませんし、ただの思い込みかもしれません。そんなことがあった、というだけです。**信じるか信じないかは、あなた次第**です（笑）。

本当に「守備と走塁にはスランプなし」と言える？

「打線は水物」「守備と走塁にはスランプなし」。これも野球界でよく使われる言葉です。打線が水物に関しては、その通りで、前日にどれだけ大量得点しても、翌日、相手ピッチャーの出来がよければ、あっさり沈黙してしまうことは、よくあります。

「守備と走塁にスランプなし」も、多くの人が「確かに」と納得するかもしれません。でも**ぼくに言わせると「いやいや、そんなことない。守備と走塁にもスランプはあんねん」**です。走塁、**特に盗塁の場合、一回失敗すると、盗塁のスペシャリストでも恐怖心から反応が鈍くなる**と聞かされたことがあります。ピッチャーがホームに投げるのか、牽制をするのかを素早く見抜き、どれだけ速く反応するかが盗塁成功のポイントなので、それが鈍くなるのはスランプともいえるでしょう。

ぼくの場合、プロ11年間で1軍の盗塁成功4つ、失敗3つで、とても語れる立場にはいないので、これは盗塁がうまい人から聞いた話です。**守備に関しては、自分でもたっぷり経験しているため、はっきり言えます。スランプは、あります。**

エラーの直後だったり、「守りにくい」という先入観がある球場だったりすると、**バウンドをうまく合わせられないことがあります。**普通にプレーしているつもりなのに、大胆に前に出ていけない、足が止まってしまう……。まわりからは普通にさばいているように見えていても、本人はハラハラ、ドキドキです。逆に、ゾーンに入っている状態では、どんな打球でも体が自然に反応して、簡単にさばけてしまいます。

守備にも、走塁にも好不調の波はあるものです。守備、走塁にスランプはないという人は、守備より打撃を重視していた人、盗塁、走塁にあまり興味がない人が多いような気がします……。

どうして途中交代で入った野手のところに打球はよく飛ぶ？

野球の「これホンマなん？」シリーズは、ありがたいことに、ユーチューブチャンネルでも好評でした。みなさんが常識、当たり前と思っていることが、実は、現場感覚とは少しズレているときもあって、ぼくにも発見があったと思います。そのシリーズで取り上げたものの1つがこのテーマでした。

特に高校野球だと、実況のアナウンサーがよく使っている気がします。本当に、交代で入った選手のところに、打球はよく飛ぶのでしょうか。

ぼくの感覚だと、これは、ない。ありません。

試合の後半に守備固めで出場するケースがぼくにはよくありました。**もし「途中交代で守備についた選手のところに打球がよく飛ぶ」が本当なら、何回も体験しているはずです。でも、ないんです。**守備固めは、リードした状況で試合に出ます。正直「ここに打って来たらあかんで〜」と、思ってました。自分のエラーがきっかけで逆転でもされたら、査定は下がるし、ベンチでは針のムシロだし、考えただけでゾッとします。

来るな〜と思っているから、もし交代して入って、すぐ打球が飛んで来るケースが多かったら、間違いなく、強く印象に残っているはず。それがないということは、打球は来ない。むしろ、飛んでこなくてホッとした記憶はたくさんあります。

ではどうして、「途中交代で守備についた選手のところに打球が飛ぶ」と、まことしやかに語られるのでしょうか。**あくまでも想像ですが、高校野球の実況で、アナウンサーが常套句的に使っているうちに、テレビを見る人、ラジオを聞く人のなかに刷り込まれたのではないでしょうか。**

特にラジオは映像がない分、実況はいろんな言葉を駆使して、リスナーに試合の様子をイメージしてもらうよう考えるはずです。プロ野球なら、野手の名前だけでポジションがほぼわかりますが、高校野球はそうではありません。例えば、ショートが佐藤君から今浪君に代わったとしましょう。ただ「今浪君、ゴロを捕ってファーストへ送球」だと、今浪君が誰なのか、わからない。**そこで「交代でショートに入った今浪君」と、ちょっと説明をつけると、まだ汚れてないユニフォームでゴロをさばく姿が想像できます。**

内野でも外野でも、たまたま交代で入った選手のところに打球が飛んだとき「交代で入った」を実況で強調して、それがずーっと続くうちに「交代で入った選手のところに打球は飛びやすい」と、定着していったのではないでしょうか。

ぼくの感覚では「ない」ですが、もしデータを細かく取ってみたら「あり」、ということもなくはないでしょう。そんなデータがあればめちゃくちゃおもしろい。どなたか、調べたら教えてください!(笑)

プロ野球にも独特の業界用語ってある?

主にカタカナ職業の世界には、独特の業界用語があります。テレビや広告の世界だと、例えば「テッペン」。午前0時のことで、残業が長引いて午前0時が近づくと「あ~今日もテッペン超えるよ~」と使うようです。終了時間が厳しく決められていたら「ケツカッチン」。ネタとして、銀座を「ザギン」、六本木を「ギロッポン」とか、逆さ読みにするのも業界用語なのでしょう。

これ、プロ野球の世界にもあります。いくつか、使用例を含めて紹介しておきます。

・**地獄**

使い方は「**いいよ〜地獄地獄〜**」とか。ベンチから、守っている味方の野手に向けて使われる言葉で、打球がそこに飛んだら絶対アウトにできる。**バッターは生きて帰れないから地獄**。つまり、守備がめっちゃうまい人、**鉄壁の守備職人をほめる場合に使います**。ぼくが所属した2つの球団では普通に使っていたし、ほかの球団もそうじゃないかと。ぼくに対して使われたことがあったかは……よく覚えていません。

・**自衛隊**

使い方は「**あの選手、自衛隊だな**」。国を守る存在から転じて「守備で貢献できる選手」として表向きは使います。変な取り上げられ方をしたら嫌だと思い、ユーチューブでは省いていましたが、裏には「**打つ方では期待できない選手**」という意味もあります……。

・**ヤリ（槍）**

使い方は、ベンチからなら「**へいへい、そのバッターヤリヤリ**」。味方のコーチからなら「**お前、本当にヤリやな**」。これは「**ストレートにめっぽう強いバッター**」という意味です。ほめてるともいえますが、逆に「**変化球には弱い**」というニュアンスも。ベンチからの「そのバッターヤリヤリ」は、「変化球には弱いからな～」と、バッテリーに対して再確認する意味もあります。

・マウス

ネズミ（Ｍｏｕｓｅ）ではなく、口（Ｍｏｕｔｈ）のマウス。使い方の説明は難しいのですが、「**マウス？**」。**ビッグマウスというか、日本語のニュアンスだと「言うよね～」的な**。例えば、ホームランを打ったバッターが「ちょっと詰まったけどうまく打てた」と話したら「マウス？」。「**言うよね～」と、ちょっと茶化すようなイメージです**。ぼくのまわりでは、けっこう使っている選手がいましたね。

プロ野球のジンクスって本当？　それとも思い込み？

プロ野球の業界用語のついでに、ジンクスについても少し。

いろんなジンクスがあり、**有名なのは「2年目のジンクス**」でしょう。ルーキーだった

1年目に大活躍した選手が、2年目に成績をガクッと落とすと、こう言われます。実際にあるかというと、**相手チームから研究されるし、マークも厳しくなるので、ある程度はありだと思います。**ほかにも、7回の攻撃になるとよく使われる「ラッキー7」も、ジンクスの1つと言えるでしょう。ぼくが実感したものも含め、いくつかあげておきます。

・いかり肩のピッチャーは大成しない

ドラフト上位で他球団に入ったピッチャーと対戦した後「あのピッチャーのボール、エグいです」と、自分のチームのスカウト話したら、「なみ、あれは大成しないよ、いかり肩だから」。ボールはめちゃくちゃエグいから、ぼくは半信半疑でしたが、結果、そのピッチャーは**目立った成績を残せませんでした。**だから、ありなのかも。

王貞治さんはいかり肩で、プロでは大成しないから野手に転向した、という話は有名です。実際はどうなのか。確かに一流ピッチャーにいかり肩は少なく感じます。

・ジャガーに乗ると大成しない

ファイターズに入団して、クルマを買おうと思っていたとき、先輩からこう言われました。ぼくの実家は自動車販売業だと言いましたが、実は祖父、父親はジャガーに乗っていて、子どもの頃からなじみがありました。デザインはかっこいいし、クルマ選びの選択肢の一つに入れていたのですが、「ジャガーに乗ると大成しないよ」。先輩からこう言われると、なかなか選べません。

確かに、あの頃、**他球団でもジャガーに乗っている選手は多くありませんでした。**そういうものかと思ってましたが、その後、ファイターズのバリバリのレギュラー選手たちがジャガーに乗っていたので、たぶん関係ありません。ひょっとしたら「**あんまり調子に乗るなよ」という、新人に対する戒め**だったのかも。

・**板橋区に住むと大成しない**

ここまで来ると都市伝説的になりますが、スワローズにトレードされ、新居を探しているとき、東京の板橋区がとても魅力的に思えました。神宮球場、2軍の戸田球場の真ん中へんにあって、ぼくのような選手が住むには絶好の場所だと（最初から2軍を想定しているのはどうかと思いますが……）。それを先輩に話したら、「え、知らないの？　板橋に住んだら大成しないよ」。真顔でそういわれたので調べたら、何人か、板橋在住の選手はいましたが、**みんな万年2軍という立ち位置の選手で……**。板橋との因果関係はわかりませんが、あまりいい気はしなかったので、他の場所を選びました。

でも、便利なのは間違いないので、今は板橋に住みながら、1軍でバリバリ活躍している選手がいたらいいなと、思います。**板橋が悪いわけではないので……**。

なみさんのQ&A Knock

ユーチューブチャンネルに寄せられた視聴者からの質問を
できるだけ「Yes or No」でコンパクトに打ち返します！
ここでは広角打法で幅広く、いきましょう。

19 よく聞く「三振前のバカ当たり」って、本当にあるの？

たぶん「あり」だと思います。三振前ということは、ファールを打ってストライクカウントが進み、追い込まれるという状況のはずです。バッテリーは決め球で勝負できるため、単純に「三振する確率が高くなる」ということではないでしょうか。

20 「ファールにしかならないボールですね」という解説は正しいの？

これは「正しい」。インコースでもアウトコースでも、コーナーギリギリのボールは、ピンポイントでヤマを張ってない限りはなかなか打てません。だから正解。それならずっとそのボールを投げればいいわけですが、投げ続けられることのできるピッチャーは今のところいませんから。

21 ストレートが時速130㎞でも、アマで抜群の成績ならドラフトされる？

ぼくの感覚だと「されない」。ストレートが時速140㎞未満でも活躍したピッチャーはいました。でも今は、当時より平均球速がかなり上がっているし、どんなに緩急差をつけても、時速130㎞のストレートでは対応されるはずです。

22 プロ野球のユニフォームにトレンドって、あるの？

これは「あり」です。ぼくが入団した頃、アンダーシャツはハイネックが主流でしたが、今は丸首でしょう。ズボンの裾、シャツの袖も以前よりかなり長くなっています。

23 高校野球のようなキャプテン制度、プロ野球にも必要なの？

必要か不必要かより、「意味はあまりない」です。もともとリーダーシップがある選手がつける場合、特に何か変わるわけではないので。首脳陣が「もう少し責任感を持ってほしい」という意味で、期待している中堅の選手を指名するなら、少しは意味があるかも。

24 毎日鍛えているプロ野球選手も、毎年、健康診断を受けている？

はい「受けます」。ぼくが所属した球団の1つはファン感謝デーの当日、会場に大型バスがきて、イベント前にみんなで健康診断を受けていました。もう1つの球団は、球団が契約している病院での健康診断。プロ野球選手は体が資本ですから、毎年受けていました。

9th Inning

なみさん、
タラレバ満載の「もしも」ネタ、
想像力豊かにズバッと
いけますか?

9th Inning

「いっても、ええんかな？」

勝負ごとにタラレバは禁物ですが、コンテンツのネタなら話は別。想像力の翼をバッサーと広げ、「もし○○していたら」「あのとき○○していれば」と、妄想するのは楽しい！　問題は突っ込まれたときですが……。「あくまでも個人の感想にもとづく妄想であり、実在の人物・団体とは関係ありません」と前置きして、いきましょう。

もしもプロ野球で金属バットが解禁されたら？

この章は仮想現実、ではありませんが、妄想全開の「もしもシリーズ」でいきたいと思います。まずは金属バット解禁の「もしも」からです。

確実に言えるのは、「**とんでもなく打高投低になる**」ということです。木製バットと金属バットでは、材質はもちろんのこと、芯の幅が大きく違います。**感覚的には木製バットの3倍くらい、金属バットの芯は広いんです。**ということは、木製バットでちょっと詰まったり、バットの先に当たったりしてアウトになった打球が、かなりの確率でヒットになります。**ピッチャーは芯をズラしたと思っても、「まだ芯だったんか〜い」みたいな感じで、バッターはほぼ打ち損じがなくなる**、といってもいいでしょう。

ヒットの数がとんでもなく増えるし、外野フライと思った打球が、そのままスタンド・インするケースが多発します。**ホームランも、おもしろいように打てるでしょう**。木製バットでは、40本打てばホームラン王が見えてきますが、金属バットでその数字は並みのバッター。**ホームラン王のタイトルをとるには、最低でも60本、確実なのは80本**といったところでしょうか。

今、シーズンを通してスタメン出場した場合、年間120本のヒットを打てば、それなりの打率を残せます。金属バットになると、ヒット数は180本を超えて200本に近づき、**首位打者は軽く4割を超えるはず**です。

以前、社会人野球で金属バットを使っていた頃、公式戦でもお互いに10点以上取り合う乱打戦がたくさんありました。**プロ野球が金属バットで試合をしたら、もっとえげつない乱打戦になる**でしょう。試合時間は、どれくらい長くなるのか想像もつきません。打球速度もとんでもなく上がるので、**ダイヤモンドを広くするか、内野手を1人増やすとかしないと、なかなか攻撃が終わらないこともありそう**です。

大変なのはピッチャーでしょうね。**タイトルを争うようなエースピッチャーでも、防御率**

は5点台とかに。配球も変えなくちゃいけません。芯を外したと思ってもヒットになる可能性が高いので、**打たせてとる、というピッチングはできなくなる。**アウトをとるには、ほぼ三振しかなくなってしまうので、フォークボールなど落ちる系の変化球が多投されるでしょう。ということは、ファーボールが増え、2ラン、3ラン、満塁ホームランが、打ち上げ花火のようにポンポンポンポンッと、景気良くスタンドに飛び込むでしょう(笑)。

球団の編成や、作戦も変えざるを得なくなると思います。

たぶん、助っ人外国人バッターは必要なくなりますね。球団が助っ人外国人に求めるのは長打、ホームラン。でも、金属バットなら多くの日本人バッターが長距離砲になるので、逆に、助っ人外国人ピッチャーの需要が増えるんじゃないでしょうか。スピードと力で抑える馬力のあるピッチャーがいないと、勝負にならないからです。

送りバントもほぼなくなるでしょう。ランナーを次の塁に進めて、1本のヒット、または犠牲フライで点をとるための作戦ですが、長打の割合がグンッと増えるため、**アウトを1つ献上してまで進塁させる意味がなくなるから**です。

ぼくはプロ11年間で3本しかホームランを打ってませんが、金属バットなら、たぶん年間で20本は打てたと思います。今でもたまに遊びで金属バットを使いますが、余裕でスタンドに届きますから。**それくらい、金属バットの威力はすごいんですね。**

という具合に、プロ野球が金属バットを解禁したら、とんでもないことになるでしょう。それで野球がおもしろくなるのか？　ピッチャーが好投して、僅差で競り合う試合が好きな人には、つまらないかもしれません。逆に、派手なホームラン連発となるため、乱打戦が好きな人にはたまらないのかも。ぼくはどっちも見たいですが、**常識的に考えて、プロ野球で金属バットが解禁されることは、ない**でしょうね。

もしもプロ野球が軟式ボールで試合をしたら？

ぼくは引退後、軟式野球の実業団チームの監督を務めていて、軟式ボールにもけっこうふれています。プロの経験と合わせて現実的な想像ができるのではと、思ったりもしますが、それがみなさんのイメージと重なるかは、さて、どうでしょうか。

最初にいえるのは、**「バッターが苦労するだろうな」**です。つまりピッチャーが有利になって、金属バットとは真逆の傾向があらわれるのではないかと想像します。どうしてかというと、**軟式のボールは軽いため、むちゃくちゃエグい変化をする**と思うからです。バリバリのエース級のピッチャーが、本気で軟式ボールで変化球を投げたらどうなるかというと、ピンポン球を想像するといいかもしれません。素人でも、ボールがグインッとハンパなく曲がったり、ギュインッと浮き上がったりしますよね。たぶん、あれくらいの変化をすると思います。**ストレートも変化球もキレッキレで、バッターは相当苦労する**でしょう。

硬式ボールは縫い目が赤く、回転が多いか少ないか、プロのバッターなら見分けられます。でも、**軟式ボールは縫い目が見えません。**硬式ボールなら、回転が少なければフォークボールだと判断できても、軟式ボールはまっすぐと同じ感覚でスーッと来て、**本当に漫画のように、ストンッと消える感覚になる**でしょう。これはなかなか打てない！

軟式ボールは潰れやすいので、ポップフライが増える、ということもあるでしょう。ただ、プロのバッターの技術なら、潰れないようにとらえることは十分可能です。きっちりバットの芯をボールの中心に合わせてミートすれば、見たことのない打球が飛ぶはずです。１５０ｍくらいのホームランも見られるでしょうね。

バッターに少し配慮してもらえるなら、バットの重量を変えたいですね。**軟式バットの重さは７４０ｇくらいが多いのですが、これ、プロには軽すぎます。**プラスチックのバットを振るような感覚で、違和感がハンパないし、軽すぎて操作もしにくいんです。**９００ｇくらいのバットを使わせてもらえるなら、**ピッチャー有利は変わらないとしても、バッターはそれなりに対応できると思います。

守備はまったく問題なく対応できます。ただ、軟式ボールはポンポン弾むため、内野安打が増えるのは仕方ないかな……。内野手は少し前に守備位置をとるため、間を抜けるヒットも増えると思います。

ただそれでも、ピッチャー有利なのは間違いなく、**ロースコアで、緊迫した投手戦が増え、試合時間は短くなる……**。これがぼくの想像です。

もしもプロの2軍と強豪社会人チームが戦ったら？

プロ野球の2軍と社会人野球チームの練習試合は、シーズン中、たまにあります。といっても1シーズンに1試合、多くても2、3試合程度です。どういう経緯で対戦するかというと、社会人チームにドラフト候補の選手がいるときです。多くの場合はピッチャーですが、野手も含めて、ドラフトでいけるのか、いけるなら何巡目か……。目の前でプレーを見ることで、参考にできるというメリットがプロ側にはあります。

社会人チームとしても、プロと試合ができる機会はめったにないので歓迎でしょう。そんなふうに、Ｗｉｎ－Ｗｉｎの思惑で対戦が決まることが多いようです。

で、**どっちが強いかという話ですが、ぼくはプロの2軍だと思います**。ぼくも試合に出場したことがありますが、圧倒したかというと、実はそうでもありませんでした。**けっこう**

プロの2軍が負けたりもします。でも、どっちが強いかといったら、やっぱりプロです。

強いのに、けっこう負けるのは矛盾していると感じるかもしれませんが、社会人チームと対戦する場合、**プロ側は普段、あまり登板機会のない若手のピッチャー、若手の野手をスタメンで起用します。**若いピッチャーが大乱調で序盤で点差をつけられてしまうと、社会人チームのほうは、ドラフト候補のピッチャーがガチで投げているわけですから、追い上げるのは厳しくなります。それに、ドラフト候補でなくても、この試合でアピールできれば指名される可能性もゼロではないため、社会人チームのモチベーションは爆上がりしているはずです。だから、けっこうプロが負けることもあります。

ぶっちゃけ、プロ側からすると社会人チームとの試合は、むちゃくちゃイヤです。なぜって、けっこうな確率で首脳陣がキレるからで、**「アマチュア相手に何してんねん！」と、とにかくベンチはピリピリ**してます（笑）。

ぼくもセカンドを守っていて、2遊間の打球をエラーしてしまったとき「**なみ、気を抜くなといってるやろ！**」と、**怒られたことがあります。**センター前に抜けそうな打球に追いついてエラーしてしまったので、気を抜いていた訳ではないのに……。「**それなら、もっといいピッチャーに投げさせてよ**」と、口に出かかりましたが、そこはグッとこらえました（笑）。

もし、2軍で普段投げているピッチャーが先発して、普段通りのベストメンバーでスタメンを組んだら、**2軍とはいえ、プロが社会人に負けることはあまりないと思います。そもそも、2軍の選手もプロであり、社会人の強豪チームといっても、プロのレベルではないわけです。**これは、多くのプロ選手も賛同してくれると思います。

もしもプロ野球と女子ソフト日本代表がガチソフト対決したら？

実はぼく、小学校時代はソフトボールをやっていた経験があります。とはいえ、日本代表となるとレベルが違い過ぎるので、想像するのは難しいのですが、なんとかまとめてみましょう。

ガチでソフトボールの試合をしたら、**勝つのは……ソフトボール女子日本代表かなあと思います。**オフシーズンのバラエティ番組で、プロ野球のバッターが女子ソフトボールのピッチャーと対戦するシーン、見たことありますよね。だいたい、プロ野球の選手はボールの勢いに驚き、タイミングを合わせられず、クルンクルンと空振りしています。あの光景が頭にあると「プロ野球選手が打てないから、女子ソフトボールのチームに負ける」と思うでしょう。

ぼくが、女子ソフトボールチームが勝つと考える理由は、ほかにあります。**打つ方に関しては、プロ野球側もそれなりに対応できるはずです。**というのも、オフシーズンのバラエティ番組の対決は、あくまでも余興であってガチではありません。プロ野球のバッターはスパイクすら履いていないので、あれじゃ踏ん張れないし、力も入りません。それに、余興でケガをしたくないため、どうしても腰が引けるし、空振りが多くなるのは仕方ないことです。

一度、どこかの球団のファン感謝デーか何かで、**プロ野球のバッターとソフトボールのピッチャーが対決している動画を見たことがあります。それはガチで、バッターはスパイクにヘルメット、バッティンググローブも用意して、目も真剣そのもの。結果はファーボールでしたが、そのバッター、明らかにボールが見えていました。**

本気で向き合えば、見えますし、見えれば、なんとかなります。**ベタ足で強振せずに振っても、当たればプロならかなり飛ばすことができます。**女子ソフトボールのルールだと、外野フェンスまでは60mですが、これを越えていく打球はけっこうあると思います。

バッターがある程度対応できるのにどうしてプロ野球側が負けるのかというと、それはピッチャーの差です。太ももにバッチ〜ンッと当てて、ギュイ〜ンと浮き上がるようなボールを操る、**ソフトボール独特のウインドミル投法を、プロ野球のピッチャーに求めるの**

は酷というものでしょう。勝負するにはピッチャーの差が大きすぎます。

もし、**ピッチャーは同クラスの選手を貸してもらえるなら、これはいい勝負になると思いますね。**競った試合になるでしょうが、プロ野球側のほうがホームランを打てる可能性が高いので、少し有利かも。**このガチ対決はおもしろそうだから、リアルに実現してほしいですね。**

もしもNPBとMLBの守備はどっちが上かと聞かれたら？

日本のプロ野球（NPB）と、アメリカのメジャーリーグ（MLB）。どっちの守備がうまいかを比較するのは、なかなか難しいですね。何を基準にするかによって、答えは変わってくると思います。例えば、正確性や再現性を重視するならNPBですが、勝利に対する貢献度だったらMLBかもしれません。**あくまでもぼく個人の感想ですが、総合的に判断すると、MLBのほうがうまい、かな。**

NPBとMLBの守備は、テレビで見ているだけでもけっこう違うと思うはずです。**NPBのほうは安心感があるというか、無駄な動きがない印象……。**ダブルプレーを見ても、流れるような、という表現がぴったりです。**MLBのほうは、良く言えば自由、悪く言え**

ば雑にも見えるでしょう。例えば3遊間のゴロ、ＮＰＢのショートは極力、体の正面で捕ろうとしますが、ＭＬＢは逆シングルでひょいっと拾ったりします。

これは、野球に対する考え方の違いが根底にあって、どっちが良い悪いではありません。ＮＰＢの場合、子どもの頃から基礎練習を徹底的にやるため、システム化されているところもあります。重視するのは正確に捕球することで、それには、逆シングルよりも体の正面で捕るべきであり、それが安心感につながるのでしょう。

ＭＬＢの場合、アウトにできるならどんな捕り方をしてもいい、という考え方ではないかと思います。もちろん基礎的な練習もあるでしょうが、その先は、**どうすればアウトになる確率が高いかを、選手個人が考えている気がします。**違いがよくわかるのがボテボテのゴロへの対応で、ＮＰＢの場合はグローブでキャッチして送球するように教えられます。**ＭＬＢの場合、素手でボールを捕るベアハンドキャッチをよく見ますが、あれ、日本のアマチュア野球でやると、かなりの確率で叱られます。**基本を守れ、と。でも、ベアハンドキャッチのほうが、アウトにできる可能性は間違いなく高いんです。

フィジカルの違いもあります。**逆シングルの例だと、ＭＬＢの選手は、ノーステップでもえげつない送球ができるフィジカルがあるので、それが当たり前にできてしまう。**その点、日本人は少し劣るため、正面で捕球するよう教えられる……。でも、際どい打球の場合、どっちがアウトにできる可能性が高いかというと、逆シングルでしょう。

NPBのスタイルのほうが凡ミスは防げると思います。MLBの場合「え?」と、思わずずっこけちゃう凡ミスもけっこうあります。**でも、いろんな局面でチャレンジして、失点を防ぐことに貢献しているのはMLBのほうかな、と。**これはかなり主観的な見方で、まったく別の意見の人もいるでしょう。そこはご承知おきください。

もしも高校生の今浪隆博が現代に転生したら、大阪桐蔭でレギュラーをとれる?

ぼくは高校2年の夏、3年の春、甲子園に出場しています。当時の高校野球のなかではそれなりのレベルにあったと思いますが、今の高校野球と比較したらどうでしょうか。

時代が違うので単純な比較は難しいとしても、ぼくの体感として、レベルは間違いなく上がっていると思います。**フィジカル、体のサイズ感がまず違います。**ぼくらの頃に比べ、全体にがっちりして、体幹がしっかりしている選手が多いと感じます。

プレーのスピード感なども上がっている印象で、今の高校野球と自分の高校時代の頃の試合を見くらべると、野手の送球1つとってもスピード感が違いますね。

ピッチャーの球速も格段に上がっていますね。ぼくらの頃は、時速140kmのストレートを投げれば剛腕と呼ばれていました。日南学園高校からドラフト1位でプロ入りした寺原隼人さんが、当時、時速150㎞を計測したと、大きな話題になっていたのを覚えています。

今は、毎年のように時速150㎞のストレートを投げるピッチャーが出てくるし、平均球速もかなりアップしていますよね。**変化球の種類も格段に増えました。**ぼくらの頃は、ストレートのほかはスライダー、カーブが中心で、フォークボールを投げるピッチャーが少しいたくらいでした。今はスライダー、フォークボールは当たり前で、カットボール、ツーシーム、いろんな変化球があります。**そもそも昔は、ツーシームなんて言葉すらありませんでしたから。**

ピッチャーのレベルが上がれば、相対的にバッターのレベルも上がるものです。フィジカルが強くなったぶん、スイングスピードも速くなっているでしょう。それに昔の規格よりも、今の規格のバットのほうがボールは飛びにくくなっています。ホームラン、長打の数が変わらないとしたら、今の方が総合的な打撃力は上です。

作戦も変わってきた、という印象を受けます。ぼくらの頃は、ノーアウトランナー1塁、ノーアウトランナー2塁は送りバントが当たり前で、バントで進塁させないチームが珍しい時代でしたね。**今は、状況にもよりますが、バントではなくヒッティングを選択するチー**

ムが増えています。日本のプロ野球だけでなく、メジャーリーグを見る機会も増えたことで、高校野球でも作戦の選択肢が増えていると思います。

そんな現代の高校野球で、大阪桐蔭高校は文句なしに横綱的な立ち位置にいます。ここで件のもしもです。「**なれない**」。**本当に、まったく自信がありません。**そもそも、当時のぼくの貧弱なフィジカルで、大阪桐蔭の野球部に入れてもらえるかもわかりません。それくらい、今の高校野球レベルは上がっていると思います。

ちなみに、ぼくは高校時代の通算ホームランが20本、それなりに打てていたと思います。

それでも……ね。

Another Angle 5

ベストナインとゴールデングラブ賞。もらえるならどっちを選ぶのか？

シーズン後に発表されるセ・パ両リーグのベストナイン賞と、ゴールデングラブ賞。もしどちらかをもらえるなら、さてどっちを選ぶのか。これはたぶん、ゴールデングラブ賞を選びます。金のグローブが欲しいという選手はまわりにもいました。でも「ベストナインを目指す」という話は聞いたことがないですね。

ベストナインは総合的に優れた選手が選ばれるのでしょうが、打撃が重視される印象です。ゴールデングラブ賞も、正直守備だけの評価ではない気もしますが、守備を評価するタイトルはほかにないため、プロとして大きな勲章にもなるでしょう。

それに、マスコミの報じ方もゴールデングラブ賞のほうが大きい気がします。ベストナインは年間表彰式の後で発表されるため、首位打者、最多勝、ＭＶＰなどに比べて扱いは小さくなりがち。ゴールデングラブ賞は独立した表彰式があるため、マスコミも大きく取り上げてくれます。

受賞すると年俸は上がる？

受賞したら年俸に反映されるかというと、これはどっちもなし。査定の大きなウェートを占めるのは打撃成績です。だからゴールデングラブ賞は年棒に反映されません。また、ベストナイン賞は、ポジション別でリーグＮＯ・１の成績を残した選手が選ばれる訳ですから、年棒が上がったとしても賞をもらったからではなく、成績を残したからということになります。

ゲームセット！　「あとがき」にかえて

書籍版「今浪隆博のスポーツメンタルＴＶ」、いかがだったでしょうか。

自分の言葉で語るユーチューブを、活字で再構成する作業は想像以上に難しく、初めての経験でもあったため、生みの苦しみがありました。最終的には、ユーチューブチャンネルの雰囲気を残しながら、自分の言いたいこと、伝えたいことのエッセンスを、ギュッとコンパクトにまとめられたのではないかと思います。

本書冒頭で少しふれましたが、スポーツメンタルコーチとしての活動、そして今後のユーチューブチャンネルの方向について、「あとがき」としてまとめておきます。

ぼくが現役引退を決意するきっかけは、２０１６年に発症した甲状腺機能低下症でした。ホルモンバランスが崩れ、体調に異常を来すと同時に、ぼくの場合は鬱病に近い症状もあり、メンタルに大きな問題を抱えてプレーしていたのです。

あのときはほんとうに辛く、本を読み、いろんな医師や専門家に会い、最後は神頼みま

でしながら、どうにか現役を続けたいともがいていました。その過程で思ったのは、プロ野球選手、つまりアスリートとしてのぼくが抱える悩み、不安に寄り添い、理解してもらうのは、なかなか難しいということ。特殊な世界で、経験した人にしかわからないことも多く、ぼくは結局「助かることをあきらめた」ともいえます。

状況は違っても、メンタルに問題を抱えて、本来のパフォーマンスを発揮できないアスリート、プロ野球選手は大勢います。ぼくのように、どこに頼ればいいのかわからず、もがいている人もいるはずです。それなら、自分の経験を土台に、スポーツメンタルコーチの知識とスキルを身に着け、資格を取り、ぼくが彼らのサポートをしてあげたい。補足的になりますが、これがスポーツメンタルコーチを目指した、正直ないきさつです。

今は、野球選手との個人契約、野球チームとの契約があり、メンタル面からのサポートを行っています。『今浪隆博のスポーツメンタルTV』の効果もあり、ほかのスポーツ方面からも問い合わせをいただくようにもなりました。野球を中心にしながら、さまざまなジャンルに広げていくのが、スポーツメンタルコーチとしての今後の抱負になります。

ユーチューバーとしては『今浪隆博のスポーツメンタルTV』をもっと多くの人に知ってもらえるよう、せっせと動画撮影、編集を行っていきます。そう、編集は自分でやっているのですよ、あのチャンネル（笑）。

コンテンツの方向性を大きく変えるつもりはありません。今まで通り、今浪隆博らしさを前面に出し、ゆるいながらも「そうなんだ」「そういう見方、考え方もあるな」と、視聴者のみなさんに楽しんでもらえるよう、ぼく自身も楽しみながら続けていきたいと思っています。直近の目標はズバリ、これです。

「チャンネル登録者数10万人！」

本書で『今浪隆博のスポーツメンタルＴＶ』の存在を知った方は、友人、知人もお誘い合わせの上（笑）、登録のほど、どうかよろしくお願いします！

今浪隆博

２０２４年４月

今浪 隆博（いまなみ たかひろ）

1984年7月6日生まれ。福岡県北九州市出身。平安高校（現・龍谷大平安高校）、明治大学を経て2007年北海道日本ハムファイターズに入団。2014年のシーズン中に東京ヤクルトスワローズに移籍し、15年に打率3割越えをマークして、リーグ優勝に貢献。16年も得点圏打率.323と勝負強さを発揮したが、9月に持病の甲状腺機能低下症を発症。2017年に引退。内野の全ポジションを守れる万能型の選手として、また、ここ一番での代打の切り札として11年の現役生活を終えた。
現在は、スポーツメンタルコーチとして、自身の選手時代におけるケガや病気の経験から、アスリートが抱える「メンタル」における問題を解決し、より高い成果を出すためのサポート活動を行っており、その一環として、2022年に公式YouTubeチャンネル「今浪隆博のスポーツメンタルTV」を開設。

生涯代打率・316！元プロ野球選手YouTuber
今浪隆博のスポーツメンタルTV THE BOOK

2024年4月15日 初版第1刷発行

著者……今浪隆博
デザイン……WHITELINE GRAPHICS CO.
執筆協力……株式会社ナインモア／小野塚久男
発行人……永田和泉
発行所……株式会社イースト・プレス
〒101-0051 東京都千代田区
神田神保町2-4-7 久月神田ビル
電話 03-5213-4700
Fax 03-5213-4701
https://www.eastpress.co.jp
印刷所……中央精版印刷株式会社

ISBN978-4-7816-2298-9